MURRAY BOOKCHIN ET L'ÉCOLOGIE SOCIALE

Vincent Gerber

MURRAY BOOKCHIN ET L'ÉCOLOGIE SOCIALE

Une biographie intellectuelle

LES ÉDITIONS
écosociété
MONTRÉAL

Coordination : David Murray
Illustration : Janet Biehl (http://janetbiehl.blogspot.ca/)
Typographie et mise en pages : Folio infographie

ISBN 978-2-89719-045-3
Dépôt légal : 1er trimestre 2013

LES ÉDITIONS ÉCOSOCIÉTÉ
C.P. 32052, comptoir Saint-André
Montréal (Québec) H2L 4Y5

Catalogage avant publication de Bibliothèque et Archives nationales du Québec et Bibliothèque et Archives Canada

Gerber, Vincent, 1983-

Murray Bookchin et l'écologie sociale : une biographie intellectuelle

Comprend des réf. bibliogr.

ISBN 978-2-89719-045-3

1. Bookchin, Murray, 1921-2006. 2. Écologie sociale. 3. Écologie humaine. 4. Écologistes - États-Unis - Biographies. 5. Activistes - États-Unis - Biographies. I. Titre.

GF16.B66G47 2013 304.2092 C2012-942838-8

Nous remercions le Conseil des Arts du Canada de l'aide accordée à notre programme de publication. Nous reconnaissons l'aide financière du gouvernement du Canada par l'entremise du Fonds du livre du Canada pour nos activités d'édition. Nous remercions le gouvernement du Québec de son soutien par l'entremise du Programme de crédits d'impôt pour l'édition de livres (gestion SODEC), et la SODEC pour son soutien financier.

Table des matières

Préface

La vie de l'écologiste Murray Bookchin aura été exemplaire. Son engagement politique et théorique constitue un modèle de profondeur et de courage. Indépendamment du destin que l'avenir réserve à sa doctrine, indépendamment du souvenir des disputes intellectuelles auxquelles il a participé, Murray Bookchin restera une référence majeure pour quiconque s'intéresse aux causes de la crise écologique et à son dépassement. Ma rencontre avec ce personnage, il y a une vingtaine d'années, a été mémorable et continue d'être une source d'inspiration.

Malgré la maladie, Murray Bookchin avait accepté d'organiser un séminaire avec un groupe de quatre jeunes écologistes dont je faisais partie. Il nous reçut dans son modeste appartement de Burlington, au Vermont, où s'empilaient partout des livres. L'espace y était si exigu que sa conjointe, également engagée dans la théorie sociale, se coupait du flux de paroles trop souvent entendues en portant ces coquilles auditives que l'on retrouve sur les chantiers de construction; elle pouvait ainsi vaquer à ses propres occupations intellectuelles. C'est assis sur son lit, où ses os le faisaient moins souffrir, que Murray Bookchin engageait la conversation, volubile, généreux, souvent professoral, certes, mais toujours soucieux d'établir un dialogue sur les sujets et les polémiques qui nous concernaient. Et ce qui nous inquiétait, alors, c'était de comprendre les racines sociales de la crise écologique, d'y entrevoir, par-delà les abîmes qu'elle laissait présager, des solutions pleines d'espoirs d'émancipation pour l'humanité. Tel était le programme de ce séminaire d'écologie sociale.

Murray Bookchin était doté d'une vaste culture et d'une indignation authentiquement révolutionnaire. Il nous parlait à la fois de ses souvenirs plus ou moins amers concernant le mouvement communiste du XXe siècle ainsi que de ses inquiétudes face à l'avenir de l'Occident, sous l'emprise d'une culture américaine en décrépitude et d'une globalisation mortifère du capitalisme. Il savait que nous vivions une époque difficile pour toute perspective de transformation politique, mais cette difficulté n'était pas pour lui une raison suffisante pour désespérer. Malgré l'urgence de la situation, il fallait être disposé à une certaine patience : « quand le contexte lui parut bouché, nous dit-il, Lénine partit étudier avant de se réinvestir dans la révolution ! » Constatant la faillite de la pensée critique face au néolibéralisme – idéologie qui pouvait encore au début des années 1990 se réclamer sans trop de contestation de la *fin de l'histoire* – Murray Bookchin nous avait bien signifié qu'une compréhension plus précise du capitalisme était plus que jamais devenue nécessaire. Autrement dit, l'échec du marxisme traditionnel obligeait un passage à une activité théorique préalable à toute réactivation de luttes politiques prenant au sérieux le dépassement de la crise écologique.

* * *

Il apparaît évident que le contexte actuel, qui réunit à la fois crise économique mondiale, crise écologique et crise du sens, suscite le besoin de s'ouvrir à des pensées radicales comme celle de Bookchin. Aux grands maux les grands moyens ! En effet, devant le douloureux spectacle des défaillances de la civilisation occidentale, où semble étrangement se normaliser l'état permanent de crise, une remise en question majeure des pratiques humaines n'est-elle pas rendue nécessaire ? Ne faisant aucune concession aux modes idéologiques ou aux reconnaissances académiques, Murray Bookchin nous convie à travers son œuvre à porter notre regard au loin pour réfléchir sur les causes du dysfonctionnement de l'activité humaine dans l'habitat terrestre, qui rend pourtant celle-ci possible. Même si Bookchin l'a formulé il y a plus d'un demi-siècle, ce problème n'est pas suffisamment abordé de nos jours avec la profondeur qu'il mérite. Au contraire, les tentatives de résolution de la crise écologique semblent résister plus ou moins consciemment à toute remise en question sérieuse de la structure sociale, c'est-à-dire sa hiérarchie politique et son économie productiviste, qui sont responsables, selon Bookchin, de la destruction de la biosphère ainsi que de la pauvreté de la majorité des Terriens. Or, le refus obstiné de prendre acte des analyses et des synthèses de l'écologie sociale, tout comme des autres courants de la mouvance écosocialiste, se manifeste à notre époque sous deux principales formes à la fois différentes et complémentaires : l'*environnementalisme technocratique* et le *radicalisme éthique*. L'environnementalisme technocratique consiste en ce que l'on rencontre communément sous l'appellation de « développement durable », tandis que le radicalisme éthique, plus discret parce que plutôt individuel, peut être mystique – comme la *deep ecology* tant abhorrée par Bookchin – ou non.

Si l'environnementalisme donne l'impression d'être optimiste dans sa visée de « sauver la planète », par une seule amélioration de la gouvernance qui maintiendrait l'actuel mode de production, le radicalisme éthique, quant à lui, mène au contraire à un pessimisme où de *belles âmes* se complaisent dans la certitude intérieure d'avoir bien diagnostiqué que l'humanité courait à sa perte dans sa folie de dominer la nature. Or l'une et l'autre de ces deux postures, à première vue opposées, partagent en fait le même défaut qui consiste en l'absence de remise en question *politique* des structures sociales. Qui plus est, l'idée d'entrevoir l'horizon d'une société postcapitaliste n'effleure même pas les esprits verts, qu'ils soient optimistes ou pessimistes. Si les tenants de ces deux postures, qui ont pourtant à cœur l'avenir des écosystèmes, se révèlent impuissants à infléchir quoi que ce soit dans le cours des choses, c'est parce qu'ils admettent implicitement la naturalisation de la démocratie libérale et du capitalisme. Une telle naturalisation en vient donc à rendre plus plausible dans l'imaginaire social la représentation de la fin du monde que celle d'une société postcapitaliste.

Tandis que le radicalisme éthique ou mystique est moins présent sur la scène publique – puisqu'il s'agit d'une ascèse individuelle de survie qui tend à se couper du monde corrompu –, l'idéologie floue du développement durable, quant à elle, tient le haut du pavé médiatique depuis le Sommet de Rio de 1992. C'est donc depuis vingt ans que les promoteurs du développement durable nous offrent le spectacle répétitif de leurs échecs accumulés. Or, ces promoteurs que l'on retrouve dans les principales organisations environnementales respectables et les administrations publiques encore épargnées par les plans d'austérité ont toujours justifié leur posture au nom du pragmatisme. Opposés aux « idéologues » de l'écologie sociale, de l'écosocialisme ou de la décroissance, ils prétextaient que l'urgence de la crise écologique imposait la nécessité de participer au jeu de la démocratie libérale et du capitalisme. Leur raisonnement est le suivant : puisque la contestation des structures sociales risque de confiner l'écologisme dans la marginalité et de laisser ainsi libre cours à la destruction des écosystèmes, vaut mieux épouser les exigences normatives des « partenaires » représentant l'ordre dominant.

Bien que cet argument ait gagné l'adhésion d'un grand nombre des militants environnementalistes, pour un écologiste anticapitaliste et antiautoritaire comme Bookchin, une telle option était *a priori* vouée à sa perte. S'il pouvait jadis prétendre à une certaine rationalité, le développement durable est aujourd'hui réfuté par le réel : son échec est patent ; il est temps d'en finir avec ce slogan pour gens d'affaires et politiciens en sursis. Ceux et celles qui de bonne foi y croient encore courent ainsi le risque de ne pas être acquittés par le tribunal de l'histoire, si l'état futur de la biosphère en permet la tenue. Étant donné que l'une des vertus de la conscience écologique est la prise en compte des générations futures, il est donc permis d'espérer que les environnementalistes rectifient le tir en s'ouvrant à des pensées comme celle de Bookchin. Serait ainsi évitée leur condamnation par nos arrière-petits-enfants – ou les enfants qui ont eu le malheur d'être nés aujourd'hui dans l'un de ces multiples enfers sociaux et environnementaux se trouvant à l'extérieur de la « zone piétonnière du capitalisme mondial », comme dirait le regretté Robert Kurz, que constituent l'Europe de l'Ouest et l'Amérique du Nord.

Si les rangs de l'écologie radicale demeurent pour l'instant assez réduits, des signes avant-coureurs permettent toutefois d'entrevoir un changement à cet égard. Ainsi, à la veille du Sommet de Rio+20 à l'été 2012, le biologiste canadien de réputation mondiale, David Suzuki, affirmait avec amertume que l'environnementalisme avait échoué. Un lecteur de Bookchin ne peut qu'être d'accord avec ce qui a toujours paru comme une évidence. Malgré sa colère et son intelligence, monsieur Suzuki, comme bien d'autres scientifiques éclairés, ne semble pas avoir osé critiquer la structure sociale dominante, c'est-à-dire la démocratie libérale et le capitalisme. Non, car le « fétichisme » de la marchandise et la « naturalisation » des organisations technocratiques font sentir à la conscience commune que la logique technico-économique dominante est indépassable. C'est cet état de fait que certains penseurs critiques commencent à qualifier de *totalitaire*. Totalitaire, non pas dans le sens archaïque du nazisme et du stalinisme, mais en ce que des pans entiers de la vie humaine et de la nature semblent inexorablement voués à une marchandisation ou à un traitement managérial. Totalitaire dans la mesure où tout ce qui se manifeste en opposition au capitalisme est ou bien rejeté dans le néant symbolique de l'absurde, ou bien en attente d'être supprimé d'une façon ou d'une autre, c'est-à-dire par les mensonges médiatiques, les gaz lacrymogènes ou les projectiles de drones. C'est sans doute devant la crainte de perdre la face dans cet univers de sens saturé de l'éther néolibéral que des savants respectables, qui n'ont pourtant plus rien à perdre pour la réussite de leur carrière, ne risquent pas (encore ?) d'opter pour une pensée radicale comme celle de Murray Bookchin ou des écosocialistes.

En refusant également la voie de l'écologie politique, le radicalisme éthique ou mystique quant à lui fait office de supplément d'âme dans un contexte d'expansion illimitée de la logique technico-économique et de crise du sens. Ses accusations à l'emporte-pièce contre l'anthropocentrisme occidental judéo-chrétien pullulent en l'absence d'analyse des causes sociologiques de la crise écologique. Cette fuite dans le monde des idées se résume donc à l'option apolitique qui consiste en l'espérance d'une conversion massive des populations en faveur d'une nouvelle vision du monde fondée sur une éthique « biocentrique » inspirée de la sagesse amérindienne ou bouddhiste.

Face à l'imbroglio actuel dans lequel nous a plongés la naïveté du développement durable et duquel ne nous sortira pas l'éthique environnementale, des pensées comme celle de Bookchin sont donc promises à un grand avenir. À la lecture du présent livre il sera possible de prendre connaissance des fondements de l'écologie sociale qui est l'une des premières pensées politiques à avoir affirmé qu'une seule et même cause expliquait la crise écologique et la misère sociale, et que la résolution de ces contradictions ne s'effectuera que par la transformation des structures sociales, notamment par le dépassement du capitalisme. D'ailleurs, l'actualité de Bookchin semble de plus en plus confirmée quand on prend connaissance de l'ampleur de la crise économique sévissant depuis 2008. Nous nous retrouvons désormais dans une tragicomédie où la globalisation des marchés requiert le soutien de l'État-nation que le néolibéralisme a voulu pourtant nous apprendre à détester ! Quel spectacle déplorable ! C'est maintenant l'État qui sauve les grandes entreprises – *too big to fail* – de la faillite, qui soulage les banques des créances toxiques en augmentant la dette publique, qui détruit les normes environnementales pour favoriser la nécessaire croissance en temps de crise économique, puis qui sacrifie la partie non rentable de la population avec l'adoption des plans d'austérité exigés pour le remboursement de la dette publique par les agences de notations – Moody's, Standard & Poor's ou autre Fitch. Or c'est le dépassement de ce type de cercle vicieux que vise l'écologie sociale de Bookchin. Ne pas s'ouvrir à ce genre de pensée de peur que tout radicalisme politique mène à des effets pervers, c'est s'exposer à un péril encore plus grand : celui de voir surgir des solutions fascistes à la crise, tel qu'on l'a vu dans les années 1930 en Europe et qu'on le voit aujourd'hui en Grèce avec des organisations néonazies comme Aube dorée qui fait élire des députés et sème la terreur auprès des immigrants. En situation de crise, le quiétisme est plus effrayant que le militantisme. Qui a peur des citoyens de villes régionales qui s'opposent à l'exploration gazière au cœur de leur communauté ? Qui a peur des maires d'arrondissement de quartiers urbains qui découragent les banlieusards motorisés à polluer l'habitat matin et soir ? Qui a peur des étudiants qui descendent dans la rue pour défier des décisions iniques réduisant l'accès à un enseignement supérieur que le contexte social explosif d'aujourd'hui rend plus que jamais nécessaire ?

* * *

Comme toute doctrine éthico-politique, l'écologie sociale de Murray Bookchin comporte des limites. Elle n'a donc pas à être adoptée sans regard critique, d'autant plus qu'en matière d'engagement politique le passage à l'acte ne doit jamais se déduire d'une théorie, mais seulement s'en inspirer. À contre-courant, l'œuvre de Bookchin nous incite à réfléchir sur des problèmes fondamentaux, en dépit du fait qu'il pourrait en résulter des conclusions différant de celles de son auteur. Néanmoins, trois éléments de l'écologie sociale, qui découlent les uns des autres, apparaissent comme incontournables : 1) la place centrale de la raison en continuité avec le socialisme classique, donc en rupture avec son rejet postmoderne ; 2) la nécessité de développer une subjectivité politique active ; et 3) l'affirmation d'un anticapitalisme ayant un souci de la société postcapitaliste à venir.

1) *La renaissance de la raison dialectique.* L'approche philosophique développée par Bookchin, le *naturalisme dialectique,* permet de concevoir le *sens* immanent de la nature, donc de sortir de la dichotomie entre les extrêmes de la pensée religieuse et de la pensée nihiliste que l'on retrouve notamment dans l'opposition entre créationnisme obtus et évolutionnisme néodarwinien. Le point central de la philosophie de Murray Bookchin est de distinguer deux conceptions de la raison, la raison conventionnelle et la raison dialectique. La raison conventionnelle conduit à la mathématisation de la nature comme condition de sa domination, de sa marchandisation, ce qui contribue à la crise écologique. À l'instar de Hegel, dont il s'inspire librement, Bookchin déclare que le défi majeur de la philosophie occidentale consiste à dépasser le raison conventionnelle établie dans la modernité en renouvelant la *raison dialectique,* laquelle permet de concevoir la réalité dans son devenir. Le naturalisme dialectique, affirme Bookchin, « discerne un phénomène qui évolue de manière fluide et plastique ». Dans son devenir, une entité implique l'existence de diverses potentialités qui peuvent, ou non, se réaliser ; en reprenant l'exemple hégélien du germe, la raison dialectique montre qu'elle peut saisir le développement dialectique concret de la plante en rapport à son milieu (eau, lumière, qualité du sol, etc.), ce qui en fera un bel arbre ou une tige jaunie. La critique dialectique de la raison conventionnelle ne mène pas à un rejet de la science, seulement à sa relativisation, car seule la raison dialectique reconnaît

un sens immanent dans la nature, et ce, tout en évitant les pièges du mysticisme. C'est dans la présence de ce sens immanent que Bookchin enracinera sa conception éthico-politique : la vie présente dans la nature nous montre une réalité ordonnée sans nécessité d'un recours à l'autoritarisme d'un pouvoir hiérarchique, où les êtres vivants sont dotés d'un potentiel de créativité qui a mené au développement cosmique de la subjectivité sur Terre. En reprenant une thématique remontant à la philosophie antique, Bookchin développe l'idée d'une articulation de la *première nature* avec la *seconde nature*, c'est-à-dire le monde humain qui en a émergé. L'humanité qui provient de la première nature en est donc radicalement dépendante, ce qui démontre le scandale du contre-sens que constitue la crise écologique. Puisque la seconde nature est à la fois le fruit le plus évolué de la première nature et le domaine de la liberté humaine, elle doit user de celle-ci pour rétablir sa compatibilité essentielle avec la biosphère. C'est ainsi que Bookchin veut créer des normes sociales conformes à la complexification de la nature, qui a rendu possible l'existence des sociétés humaines.

2) *Le développement d'une subjectivité politique.* Murray Bookchin considère qu'il est nécessaire d'opérer une forme de conversion éthique sur soi et de faire renaître une citoyenneté active. Chaque époque renferme des potentialités historiques qui lui sont propres ; il faut miser sur la spontanéité et le volontarisme de tout un chacun. Aucun changement politique ne peut se réaliser sans un engagement subjectif dans l'action politique : cette exigence ne concerne pas une catégorie sociologique particulière, pas de sujet révolutionnaire déterminé, mais virtuellement tout citoyen voulant en finir avec la société actuelle. Bien sûr, certains voudront plus en finir que d'autres, mais la pensée de Bookchin comprend qu'une fille de famille riche puisse s'engager dans l'activisme politique même si, de sa condition, on ne peut trouver aucun « intérêt de classe » qui expliquerait son adhésion à une cause qui la dépasse. Ce type d'engagement a été mis de l'avant dans le féminisme, une source d'inspiration pour l'écologie sociale, dans la mesure où ce mouvement social est « transclasse », exige une décision personnelle dans le refus de la domination et lutte pour des enjeux se trouvant *hic et nunc.* Bookchin est par contre très critique envers la tradition marxiste-

léniniste qui se concentrait sur un sujet révolutionnaire, le prolétariat, et attendait l'apparition des conditions objectives pour l'avènement du Grand Soir. Cela explique aussi qu'il accorde une grande importance aux études historiques afin d'y repérer les moment où diverses potentialités s'offraient aux sociétés et les choix qu'elles ont effectués. En fait, il constate comment la série des mauvais choix historiques a mené à la crise écologique, à la situation du tiers-monde, à l'abaissement de la vie à la lutte égoïste et à l'isolement des individus. L'une des pires potentialités qui s'est réalisée, selon Bookchin, consiste en l'apparition de l'État. Il constate que, dans l'histoire de la modernité, il y a eu une hésitation civilisationnelle entre la voie confédérale et la voie étatique. La voie confédérale se serait fondée sur des institutions communautaires décentralisées, comme dans la démocratie directe de la Nouvelle-Angleterre au début des États-Unis ou les soviets au commencement de la Révolution russe. Mais c'est la voie étatique qui a jusqu'ici triomphé, et la crise écologique ainsi que la souffrance humaine en sont des symptômes. En tant que « système professionnel de contrainte sociale » (règne de la *Statecraft*), l'État détruirait la subjectivité politique que seules permettraient de maintenir et d'enrichir des institutions à échelle humaine. Dans sa nature même, l'État réduit le citoyen au rôle passif de contribuable-électeur, ce qui engendre la dépolitisation et facilite de surcroît, notamment, la marchandisation du monde.

3) *Démocratie directe et municipalisation des moyens de production.* Le municipalisme libertaire, ou communalisme, doit se construire dès maintenant par la prise de contrôle démocratique des institutions politiques des villes et villages. Bien que radical, Bookchin se refuse à tout projet insurrectionnel alimenté par le fantasme de la *tabula rasa*, où les institutions existantes seraient brusquement détruites. Sa critique de la domination étatique et de la démocratie représentative débouche sur l'idée d'une revitalisation de l'activité politique dans les communautés municipales qui se coordonneraient au sein de fédérations interrégionales. C'est le projet du municipalisme libertaire, inspiré par la cité athénienne et la commune médiévale, où les citoyens participent à la politique communale qui se déroule à l'échelle humaine. Cela rend donc possible la repolitisation par le biais des interactions pédagogiques et éthiques avec les concitoyens politisés et engagés. Le fondement

de la liberté individuelle n'est donc pas le postulat abstrait de l'individu atomisé, mais la municipalité: « Bien que cela paraisse paradoxal, précise Bookchin, les éléments authentiques d'une société libre et rationnelle sont communautaires et non individuels. Pour le dire en termes plus institutionnels, la commune n'est pas seulement la base d'une société libre mais aussi le terrain irréductible d'une individualité authentique. » Ainsi, le municipalisme libertaire prévoit la municipalisation de l'économie et des moyens de production afin de sortir de l'opposition entre les extrêmes de leur privatisation capitaliste ou de leur nationalisation socialiste. De cette manière, il sera possible de maîtriser rationnellement et démocratiquement le développement des technologies et mettre fin au productivisme – produire pour produire – qui cause la crise écologique. La production municipalisée misera sur la qualité plutôt que sur la quantité: il s'agit en fait d'institutionnaliser l'exigence du socialisme classique « de chacun selon ses capacités, à chacun selon ses besoins ».

***

Somme toute, l'*écologie sociale* de Murray Bookchin peut encore contribuer aux pratiques de l'écologie politique radicale. Malgré son succès mitigé, plusieurs de ses éléments demeurent et demeureront actuels. C'est d'ailleurs pour cette raison que le présent ouvrage de Vincent Gerber renferme un intérêt indéniable pour réfléchir sur les causes de la crise écologique et sur les préfigurations de pratiques concrètes qui contribueraient à sa résorption. En plus d'effectuer une synthèse sans concession, cette « biographie intellectuelle » de Bookchin offre au lecteur francophone un accès inédit à des ouvrages non traduits ou devenus inaccessibles. Sa facture originale, qui conjugue les épisodes de la vie d'un militant avec les développements théoriques de sa pensée, permet aussi de prendre connaissance d'une existence totalement dédiée à l'engagement politique. On y trouve donc des sources d'inspiration aussi bien intellectuelles qu'existentielles, ce qui rend tout à fait palpitant la lecture de ce livre.

Jean-François FILION
Professeur de sociologie à l'Université du Québec à Montréal

Introduction

Face à la convergence actuelle entre la crise sociale et la crise écologique, on ne peut plus se permettre de ne pas être imaginatif. On ne peut plus se permettre d'agir sans pensée utopique.

Murray Bookchin, *The Ecology of Freedom*

NOTRE MONDE est en constante évolution. Du modèle tribal et nomade à celui de l'économie de marché mondialisée, les différentes sociétés humaines ont sans cesse adapté leur organisation politique, économique et sociale à leurs besoins et à leur environnement. On a tendance à oublier combien nos institutions, d'apparence si immuables, sont issues d'une longue tradition de modèles socioéconomiques antérieurs, revus et transformés par autant de réformes et de révolutions.

Le monde change et va donc continuer à le faire. Ainsi, aujourd'hui, alors que les défauts du modèle libéral et globalisé dominant sont exposés au grand jour, qu'une crise écologique de grande ampleur nous guette, que les inégalités sociales ne cessent de croître, nous devrions nécessairement nous retrouver confrontés à une profonde remise en question. Pour ultimement changer de modèle.

Et pourtant, non. Loin de là. Jour après jour, on ne fait qu'entendre qu'il n'existe pas d'alternative au modèle dominant. Pour pallier les travers du système, il suffirait simplement de se serrer la ceinture et continuer sur la même route, avec le vague espoir que tout ira mieux demain. Les promesses du Progrès (avec un « P » majuscule comme il se doit) et du mieux-vivre ont depuis plusieurs décennies déserté les discours optimistes de nos élites politiques et laissé place sans coup férir à une fuite en avant – accompagnée d'une importante résignation.

Ayant abandonné toute utopie de vie meilleure, notre société semble se laisser guider par le flot, appréciant la léthargie apaisante et le bien-être du moment présent. Et pourtant, dans son tapage de plus en plus assourdissant, la sonnette d'alarme climatique cherche à réveiller les consciences pour ramener au premier plan le besoin de changement. Oui, l'impératif écologique est là. Et qu'on le veuille ou non, il nous dirige, et peut-être de force, vers une nouvelle transformation de ce qui fait la structure même de notre société.

Bien sûr, l'écologie s'est imposée au cœur des débats. Mais des débats seulement. Car malgré une importante montée de la prise de conscience, peu de solutions ni d'espoirs d'amélioration semblent se profiler à l'horizon. L'effet discutable jusqu'ici des mesures internationales de réduction de la pollution, notamment via le protocole de Kyoto, en a fait réfléchir plus d'un. On en arrive logiquement à la conclusion qu'il faut des changements en profondeur de notre mode de vie, des institutions et du fonctionnement même de notre société – et que ceux-ci ne viendront pas de nos dirigeants.

Mais pour aller dans la direction d'une société écologique, encore faut-il entrevoir sa possibilité. Et inventer sa forme et ses principes. Donc changer, oui, mais changer comment ? Changer pour quoi ? Derrière ces questions se pose celle de savoir par quels moyens et dans quelle optique la société pourrait s'accorder avec la nature. Une quête qui doit être liée à celle de l'amélioration réelle des conditions d'existence.

Sont regroupés généralement sous le terme d'« écologie radicale » les différents courants de pensée qui se sont penchés sur ces questions. Un terme malgré tout encore peu fréquent dans le panorama francophone – ce qui témoigne d'ailleurs à quel point les travaux sur le sujet demeurent étrangers du grand public. Ce livre cherche à présenter l'une des branches de cette face méconnue du courant écologiste : l'écologie sociale.

Ce mouvement a vu le jour dans les années 1960 au travers des écrits de Murray Bookchin. C'est à cette époque que le théoricien étatsunien pose le constat que les problèmes écologiques sont avant tout des problèmes sociaux. La destruction de l'environnement, disait-il alors, découle de causes sociales, issues de la société humaine. La relation de domination et d'exploitation établie de longue date sur la nature par les sociétés modernes trouve sa source dans les relations hiérarchiques existantes entre êtres humains. Il en ressort qu'une société écologique demande au préalable une société véritablement humaine, qui respecte ses membres et cherche leur épanouissement et non leur exploitation.

Partant de ce principe, Bookchin a développé les facettes d'une société moderne pacifiée dans ses relations sociales et se donnant les moyens de développer une relation plus harmonieuse avec le monde naturel. Il est évident pour lui qu'il faut sortir de cette société qui nous façonne pour rentrer à nouveau dans une société que nous façonnons, que nous maîtrisons et sommes capables d'influencer – même si ce n'est que modestement, au moins tous équitablement. Pour y parvenir, il n'y a rien à inventer, seulement à réorganiser, ôter l'inutile et le destructeur pour revenir au concret, en tenant compte du paramètre humain et environnemental. Une façon d'avoir plus, en faisant un autre et meilleur usage (sous-entendu non guidé par le profit économique) des importants moyens à notre disposition. Une pensée qui ouvre la voie à une vision humaniste, libertaire et moderne de l'écologie. Avec sa dose nécessaire d'utopie.

Il y aurait eu mille et une façons de présenter l'écologie sociale de Murray Bookchin. Le personnage lui-même était complexe, une raison parmi bien d'autres qui le rendait difficile d'accès. « Me connaître signifie connaître mes idées rationnelles et non pas connaître la chronologie d'événements biologiques – c'est-à-dire lire le “livre” de ma vie[1] », écrivait-il dans un de ses derniers articles. Mais l'homme et la théorie allaient de pair, raison pour laquelle ils ont été réunis ici. On ne peut comprendre l'écologie sociale et son développement sans les mettre en perspective avec le contexte particulier qui a vu leur émergence, et plus encore avec le parcours professionnel, militant et intellectuel de Bookchin.

1. Murray Bookchin, « The Twilight Comes Early », non publié, novembre 2004.

Toute pensée a son histoire. Ne pas la raconter et s'en tenir aux éléments théoriques aurait été se priver de la logique même qui a permis leur formulation et qui, bien souvent, leur donne du sens.

Sans rendre compte de l'intégralité de sa pensée – il aurait été de toute manière impossible de résumer en un ouvrage la centaine de textes produits par Bookchin –, la vue d'ensemble qui ressort de cette mise en lien des principaux domaines qu'il a abordés dans ses écrits offre un portrait de la vie et de l'œuvre de Murray Bookchin. Elle ouvre grand la porte au champ riche et complexe de l'écologie sociale, en montrant comment elle s'est façonnée, au travers des principaux écrits de Bookchin et d'autres écologistes sociaux, et en présentant ses principales réalisations et les débats animés qu'elle a suscités. Une façon de rendre cette pensée plus accessible et de donner les moyens de pousser la réflexion plus loin à qui le souhaiterait.

Coïncidence non voulue, c'est quelques semaines avant le décès de Murray Bookchin, à l'été 2006, que ce projet a débuté. Et près de 45 ans après que les prémisses de l'écologie sociale eurent été posées, le sujet paraissait encore bien neuf. Peu avait été écrit sur ces idées, hormis par Bookchin lui-même. Comme l'indiquait mon professeur d'histoire de l'époque, « sur Bookchin, sa réflexion et son combat, tout était à faire – ou presque : des sources dispersées, peu de textes traduits en français, aucune biographie intellectuelle ou politique importante approfondie [...]. Le personnage lui-même échappait aux classifications courantes : à la fois sidérurgiste, anarchiste et écologiste, d'un tempérament peu conciliant, autodidacte et, du coup, sans accès aux canaux universitaires qui assurent la diffusion et la discussion des idées neuves[2]. » Le thème de l'écologie sociale se situait et demeure encore en marge de l'histoire des idées.

S'il me paraît important de présenter l'écologie sociale aujourd'hui, ce n'est pas seulement pour la seule valeur historique, ou de mémoire, de l'exercice. C'est plutôt une réponse au constat que les problèmes soulevés par Bookchin dans les années 1960-1970 n'ont toujours pas été résolus et se retrouvent aujourd'hui

2. Karel Bosko, commentaire du mémoire « Murray Bookchin : un projet d'écologie sociale », annuaire du département d'histoire générale, Faculté d'histoire de Genève, 2007, p. 38-39.

logiquement – bien trop logiquement même – au centre des préoccupations. On se trouve fatalement au cœur de ce que Bookchin et d'autres prévoyaient si le monde occidental ne changeait pas de cap. Son discours n'en est que plus pertinent et d'actualité.

On commet souvent l'erreur d'oublier que les problèmes écologiques, sociaux, économiques et politiques actuels trouvent leurs causes dans les décennies passées. Nombreux sont pourtant ceux et celles qui nous avaient alors mis en garde et s'étaient penchés sur la manière d'y faire face. Réactualiser Bookchin, c'est donc apporter des pistes de réflexion et des arguments aux débats et questionnements qui vont occuper nos sociétés durant les prochaines décennies. Ainsi que l'exprime Damian White, auteur d'un livre sur l'écologie sociale, il est aujourd'hui temps de se pencher sur Bookchin et de commencer à lui donner un peu de crédit[3].

Le moment est d'ailleurs opportun. Il n'est pas difficile de constater combien l'accentuation de la prise de conscience des problèmes climatiques et des crises économiques à répétition a soulevé des critiques toujours plus étendues du capitalisme, de la société de consommation et d'un mode de gouvernement trop éloigné du peuple alors que les distances se raccourcissent. Le projet de décentralisation de la société, la remise en question de la démocratie représentative et les demandes répétées de participation publique et commune aux affaires politiques sont des revendications dont la popularité ne cesse de croître. Mais généralement sans s'intéresser au travail de Bookchin. Sans embrasser cette vision d'ensemble qui cherche à comprendre comment on en est arrivé là, quelles sont les sources du problème et comment peut-on espérer en sortir. Les pages qui suivent constituent une tentative de réponse à ces questions.

Cette étude représente un premier pas – espérons qu'il y en ait d'autres – pour aborder l'écologie sociale de façon compréhensive et constructive. La faire découvrir à la plupart, certainement la clarifier pour d'autres. Le débat doit être amené, il est

3. Damian F. White, « Post-Industrial Possibilities and Urban Social Ecologies: Bookchin's Legacy », *Capitalism, Nature, Socialism*, vol. 19, nº 1, mars 2008. Voir aussi son livre *Murray Bookchin: A Critical Appraisal*, Londres, Pluto Press, 2008.

plus que temps d'ouvrir sérieusement la discussion et de mettre sur la table les enjeux de société soulevés par les écologistes radicaux. Un monde qui ne séduit personne ne devrait pas avoir d'avenir.

Premier chapitre

Le jeune marxiste 1921-1948

Bookchin a commencé là où Marx s'est arrêté.

Roderick Nash, *The Rights of Nature*

Murray Bookchin est né en 1921, à New York, au sein d'une famille d'émigrés russes. Issu du milieu pauvre de la communauté juive new-yorkaise, il grandit au sein d'un environnement familial et social marqué par trois grandes composantes : la tradition russe, la culture juive et les idéaux socialistes. New York était alors déjà une ville cosmopolite et la communauté juive y était importante (on parle de plus d'un million de Juifs arrivés de l'Europe de l'Est en quelques décennies vers la fin du XIXe et le début du XXe siècle). Très unies, ces communautés « formaient une ville dans la ville[1] ». Une sorte de microcosme où les diverses tendances de gauche (syndicalistes, socialistes et anarchistes) se développaient, et desquelles émergeait un grand nombre de débats politiques.

Le milieu familial des Bookchin baigne alors dans ce contexte engagé. La grand-mère de Bookchin avait été témoin des événements de la révolution contre le tsar en Russie, à laquelle une

1. Peter Einarsson, « La ville de mes rêves », *MA !*, nos 8-9, septembre 1986, p. III.

partie de la famille avait pris part avant d'émigrer aux États-Unis. Sur cette nouvelle terre d'accueil, le militantisme s'exprimera également. On sait que la mère de Bookchin était engagée au sein du mouvement syndicaliste radical des Industrial Workers of the World (les IWW, ou Wobblies, important syndicat de l'époque qui existe encore de nos jours). On sait également qu'elle doit très tôt assumer seule la charge de la famille, après le départ de son mari, alors que le jeune Murray n'a que six ans.

Le parcours d'enfant et d'adolescent de Murray Bookchin est ainsi largement placé sous le sceau du marxisme : il fait ses classes à la Worker's School, s'engage au sein des Young Pioneers (mouvement proche du scoutisme et mû par des idéaux communistes) puis dans la Young Communist League (YCL). Il devient également vendeur de rue pour un journal communiste. Une période de « vie politique intense » dont Bookchin fera l'apologie à de nombreuses reprises :

> On traversait [Crotona Park], on vendait des journaux, on prenait part aux discussions. Cela pouvait se prolonger sur un ou deux kilomètres, et puis, sortant du parc et rentrant dans la ville, on retrouvait la rue principale du Bronx où, chaque soir, les gens se retrouvaient aux carrefours, parfois à chaque coin de rue. L'un était socialiste, l'autre communiste, il y avait un syndicaliste des IWW – les groupes étaient innombrables – et cela devenait un véritable sport pour choisir la discussion la plus intéressante[2].

Nul doute que ces réunions politisées, où tout l'art consistait à se faire entendre et défendre au mieux ses opinions, ont été pour beaucoup dans le développement du talent d'orateur qui caractérise le personnage.

L'adolescence de Bookchin est aussi marquée par la révolution sociale espagnole qui survient en 1936. Un conflit qui va rencontrer un écho important dans les milieux socialistes. Plusieurs des camarades plus âgés de Bookchin partent s'y engager. Une large sympathie entoure la cause des révolutionnaires espagnols et le récit de ce qu'ils ont accompli servira longtemps d'exemple à Bookchin, qui leur dédiera une large place dans ses écrits[3]. À ses

2. Murray Bookchin, interviewé par Peter Einarsson, *ibid.*, p. VII.
3. Il faut citer notamment son ouvrage *The Spanish Anarchists: The Heroic Years 1868-1936*, New York, Free Life Editions, 1977 ; et deux longs articles

yeux, la guerre civile espagnole était et demeure l'une des rares révolutions qui ait cherché à atteindre la vraie liberté, définie selon lui comme l'égalité des inégaux.

Selon ses propres dires, la guerre d'Espagne le conduit à remettre en question son adhésion à la doctrine communiste officielle. On a alors vent sur le continent américain du rôle antirévolutionnaire joué par l'URSS stalinienne dans ce conflit. En effet, celle-ci s'opposa militairement aux groupes marxistes qui n'adhéraient pas à la ligne officielle du parti et qui soutenaient la révolution – principalement le Parti ouvrier d'unification marxiste (le POUM). Parachevant cette prise de position officielle des instances dirigeantes soviétiques, l'annonce du pacte conclu avec l'Allemagne nationale-socialiste en 1939 conforte Bookchin dans son détachement de la ligne communiste officielle. Il ne rompt pourtant pas avec le marxisme, mais se tourne vers ce qui représentait alors l'alternative à l'URSS stalinienne : le trotskisme. Ces « déviations trotskistes » et sa critique des actes de Staline lui vaudront d'ailleurs d'être expulsé de la YCL.

Bookchin intègre alors – dès 1939 – le Socialist Workers Party, le principal parti trotskiste des États-Unis à cette époque. Un groupe qui, avec l'éclatement de la Seconde Guerre mondiale, appelait à rejeter fascisme et capitalisme, avec en ligne de mire l'espoir qu'une révolution prolétaire allait émerger de ce conflit, à l'image de celle de 1917 en Russie. Bookchin en reste membre jusqu'à la fin de la guerre, période où la désillusion entraîne une profonde remise en cause de la doctrine trotskiste.

En 1939, Bookchin a 18 ans. Il a alors terminé ses études et commence à travailler comme ouvrier dans une fonderie du New Jersey, avec pour tâche de verser le métal en fusion dans les moules. Un travail très physique, marqué par une chaleur intense et un bruit constant. En parallèle, il s'investit dans le mouvement syndical et milite sur son lieu de travail, mais sans grand succès[4].

---

réunis dans le recueil *To Remember Spain: The Anarchist and Syndicalist Revolution of 1936*, Oakland, A.K. Press, 1994.

4. Voir Janet Biehl, « Bookchin's Trotskyist Years Decade : 1939-1948 », *Platypus Review*, n° 52, 2012-2013. La majorité des repères chronologiques pour la partie biographique de cet ouvrage se réfèrent aux dates rapportées par Janet Biehl dans son travail biographique sur Bookchin. Qu'elle soit ici remerciée pour son important apport à ce niveau.

Le syndicat devient son principal lieu d'engagement et le demeure après 1944, quand il quitte la fonderie pour rejoindre les usines de General Motors.

Si on connaît très peu de choses sur cette période de sa vie, on sait à quel point elle aura son importance dans l'élaboration de sa pensée. Elle est charnière, notamment par l'expérience vécue du monde des usines, avec ce travail éreintant et inhumain qu'il critiquera par la suite et dont il demandera l'abolition.

Mais avant d'en parler plus en détails, il faut s'arrêter sur un autre épisode central dans la vie de Bookchin, qui se produira durant ces années-là. Il est à mettre en lien avec l'importante grève qui va secouer General Motors à l'hiver 1946. Bien que Bookchin n'y soit pas directement impliqué – il effectue à ce moment-là son service militaire –, il participe néanmoins, à son retour un an plus tard, au dénouement de la grève. Il prend notamment part aux négociations de 1948 qui se terminent avec l'acceptation par les travailleurs des compensations proposées par la compagnie. Cette sortie de crise ambiguë provoque chez Bookchin une forte désillusion sur le potentiel du prolétariat industriel en tant qu'agent révolutionnaire. Selon lui, les transformations apportées au sein du monde industriel depuis la Seconde Guerre mondiale ont changé à tout jamais le rôle historique de cette classe sociale.

Du prolétaire au citoyen

Dans la vision de Bookchin, les compensations acceptées par les employés de General Motors marquent l'« accommodement du mouvement des travailleurs, autrefois radical, avec l'ordre social[5] ». Une formule qui sous-entend que le prolétariat industriel n'est plus la force révolutionnaire sur laquelle reposent les espoirs socialistes pour renverser la bourgeoisie capitaliste. Au contraire, « [la] classe ouvrière actuelle s'est complètement industrialisée, au lieu de s'être radicalisée comme l'espéraient pieusement les socialistes et les anarcho-syndicalistes », explique-t-il amèrement, en concluant qu'elle a été « récupérée par les

5. Biographie de Bookchin, site Internet de l'Institute for Social Ecology (ISE) : <www.social-ecology.org/>. [La traduction des textes non publiés en français est celle de l'auteur].

médias » et « est devenue le partenaire de la bourgeoisie et non plus son antagoniste inflexible[6] ».

Bookchin a alors le sentiment que les ouvriers ne cherchent plus à changer la nature du travail induit par le mode de production capitaliste, pour se contenter d'améliorer leurs conditions de travail en son sein. L'usine n'a pas organisé le prolétariat industiel en une classe révolutionnaire. À la place, celle-ci l'a soumis à l'« éthique du travail », avec ses règles, ses hiérarchies, ses récompenses salariales et ses punitions. Le prolétariat que Bookchin avait vu de ses yeux dans sa jeunesse sortir en masse dans les rues pour renvendiquer un monde socialiste a progessivement disparu ; il s'est démobilisé. Selon lui, le nouveau prolétariat d'après-guerre s'est accommodé de la société capitaliste et s'y retrouve englobé. L'idée même de l'existence d'une classe révolutionnaire, telle que postulée traditionnellement par la gauche, commence à lui sembler dépassée. Il faut donc trouver un autre vecteur de changement[7].

Mais qui, dans la deuxième partie du XXe siècle, est alors le plus à même d'incarner ce rôle ? Pour Bookchin ce potentiel existe chez les femmes, les Noirs, les jeunes, les étudiants, les artistes, les chômeurs, les intellectuels – soit l'ensemble de ceux qui se retrouvent, d'une façon ou d'une autre, victimes, laissés-pour-compte ou simplement désabusés par l'ordre social dominant. Ce sont « les déclassés » du système, une diversité d'acteurs qui ne se reconnaissent plus dans une classe sociale déterminée. Plus tard, Bookchin leur préférera l'étiquette unique et neutre de « citoyen ». Et cette distinction avec le terme de *prolétaire* n'est pas que linguistique. Le citoyen doit aussi devenir un *décideur*, un homme ou une femme amené à faire des choix et à prendre

6. Murray Bookchin, *Une société à refaire*, Montréal, Écosociété, coll. « Retrouvailles », 2010 [1993], p. 198-199.
7. Confusion souvent faite : l'écologie sociale ne prétend pas que les classes, ni même la lutte des classes, n'existent plus, mais bien qu'elles n'existent plus dans une identification claire à une force révolutionnaire. Les classes sociales sont aujourd'hui moins homogènes, moins liées, plus dissoutes et sans réelle conscience d'appartenance à une classe sociale. Pour cette raison et comme nous le verrons au chapitre consacré à son volet politique, l'écologie sociale replace l'arène de la lutte des classes au sein des assemblées populaires de démocratie directe (voir Murray Bookchin, « Anarcho-Syndicalism and Libertarian Municipalism », *Left Green Perspectives*, n° 39, 1998, p. 4).

position sur toutes sortes de questions. Un concept qui regroupe les gens selon leur lieu de vie, sans tenir compte de leur activité ou de leur statut social.

Étymologiquement, le terme de « citoyen/ne » réfère bel et bien à celui de « membre d'une cité », soit d'une communauté de taille variable définie selon des limites géographiques. Cette « cité », le citoyen l'habite et en dépend, mais sans en être l'exclusif propriétaire. Le « droit de cité » le définit, de même que l'exercice d'un certain nombre de droits civiques. Le concept de citoyenneté – et d'identité vis-à-vis de l'appartenance à un lieu – apparaît pourtant alors déjà désuet. Il montre des signes de faiblesse, en raison de son association à l'électeur-payeur d'impôts : le *contribuable*. Sa pertinence même est remise en cause face à l'importante mobilité qui caractérise nos sociétés modernes. Bookchin va donc s'attarder à remettre au goût du jour sa définition.

Les citoyennes et citoyens ne sont pas considérés chez Bookchin comme des membres parmi d'autres d'une masse uniforme de personnes, seulement unis par un cadre géographique et politique, voire authentifiés par un numéro administratif leur permettant de voter et payer des impôts. Leur rôle apparaît plutôt comme l'idéal de personnes investies de droits et de devoirs pour ce qui concerne le développement de leur lieu de vie. Ce sont des agents du changement, motivés par une identification à leur environnement social et la gestion de leurs conditions d'existence. Ils représentent la base politique et sociale de la société.

Les citoyens, tous différents en termes de classes, d'aspirations et de sensibilités politiques, n'en sont pas moins égaux face aux conséquences de la crise écologique : la pollution, la raréfaction des ressources, l'érosion des sols, le réchauffement climatique et l'ensemble de leurs conséquences globales touchent tout le monde (bien qu'avec une intensité différente cependant, notons-le). Autrement dit, les moyens d'existence de chacun dépendent de la même nature. Pour les écologistes sociaux, la lourde tâche de corriger le tir et d'évoluer dans le sens d'une société écologique incombe véritablement à tout un chacun. Mais pour cela, il faut dépasser le concept négatif de « Monsieur ou Madame Tout-le-monde » (qui, en réalité, est Monsieur ou

Madame Personne !), issu de la société de masse pour lui substituer celui de citoyen/ne – concrètement la même personne, à ceci près qu'on lui confère une identité propre, allant de pair avec une responsabilisation étendue. L'espoir, optimiste mais réel, de parvenir à faire des hommes et des femmes anonymes actuels des citoyens maîtres de leurs moyens s'appuie, d'une part, sur le besoin intrinsèque de liberté et, d'autre part, sur leurs capacités et sur la gratification du sentiment d'exister *pour quelque chose.* C'est en développant ce sens de la responsabilité, en incitant chacun à l'assumer, que l'écologie sociale désire amener les citoyens et citoyennes à gérer et guider leur propre personne, en premier lieu, mais aussi – et conjointement – la communauté dont ils dépendent. Un concept qui sort le milieu révolutionnaire du cadre de l'usine et des moyens de production pour y inclure l'ensemble plus vaste des différents éléments politiques, économiques et sociaux dont dépend la vie quotidienne d'une communauté de personnes.

***

La remise en question du travailleur industriel comme agent révolutionnaire et vecteur du changement est fondamentale chez Bookchin. Elle coïncide d'ailleurs avec son départ de General Motors, événement qui marque la fin de son engagement syndicaliste.

Au tout début des années 1950, Bookchin reprend ainsi le chemin des études, dans le domaine de l'électronique. Issu d'un contexte marxiste-communiste, le jeune trentenaire a alors rompu autant avec la composante autoritaire du communisme (qu'il dénonce d'ailleurs aussi au sein du groupe trotskiste qu'il a suivi) qu'avec le syndicalisme. Une page se tourne. La nouvelle décennie qui commence ouvre alors la voie à une remise à plat du projet socialiste révolutionnaire ainsi qu'à de nouvelles approches idéologiques.

Chapitre II

Les années *Contemporary Issues* 1949-1962

Les années 1950 représentent une période charnière dans le parcours intellectuel et militant de Murray Bookchin. Durant quelques années, il va se rapprocher d'un groupe d'exilés allemands rencontrés à la fin de la décennie précédente. Ceux-ci, trotskistes pour la plupart mais surtout opposés au fascisme, se sont regroupés sous la houlette de Josef Weber, le leader de l'Internationale Kommunisten Deutschlands (IKD) – un parti communiste allemand, d'abord proche du trotskisme avant de s'en détacher en 1946. Cet écrivain allemand, auteur de « The Great Utopia » (1950), se trouvait alors en exil à New York où il faisait la promotion de ses idées.

Bookchin rencontre Weber une première fois à New York en 1944, mais il se rapproche surtout de lui à partir de 1947, après avoir quitté le Socialist Workers Party. L'Allemand devient en quelque sorte son mentor (« presque un père » dira symboliquement Bookchin, qui n'avait que peu connu le sien). Ils travaillent ensemble sur des articles et discutent des thématiques socialistes du moment, notamment l'idée en vogue d'une société où les ressources disponibles dépasseraient les besoins réels. Une société libérée du besoin[1]. Des échanges dans lesquels Bookchin trouve

1. Le mot anglais utilisé par Bookchin est *post-scarcity*, qui signifie « au-delà de la rareté », dans le sens du dépassement d'un état de rareté des ressources

un écho à son propre intérêt pour les travaux de Marx et Hegel et les théories révolutionnaires.

À cette époque, le groupe trotskiste était relativement éclaté. Il était scindé en deux pôles principaux, New York et Londres, avec quelques individus actifs à Zurich, Boston et en Afrique du Sud. Les membres faisaient passer leurs idées par l'intermédiaire d'un journal, nommé *Dinge der Zeit* dans sa version allemande, *Contemporary Issues* en anglais (avec le sous-titre explicite de *A Magazine for a Democracy of Content*)[2]. Marcel van der Linden, qui a étudié l'histoire de ce mouvement, explique que :

> Le but [du groupe] consiste dans la création d'une organisation mondiale pour une démocratie de fond [*of content*] (très nettement différenciée des démocraties purement politiques ou formelles qui ont existé jusqu'à présent) qui ne devrait pas apparaître sous la forme d'une organisation finie, mais émerger sous le contrôle de la population[3].

Les partisans de *Contemporary Issues* soutenaient que le capitalisme entrait dans une phase de régression et allait ensuite s'étendre sous une nouvelle forme d'impérialisme. Ils rejetaient le « capitalisme d'État » réalisé en URSS et le système représentatif, organisé en partis politiques, pour promouvoir à la place un modèle démocratique entièrement participatif. On y retrouvait le même souci exprimé par Bookchin de dépasser le principe de la lutte des classes en faveur d'une révolution de citoyennes et citoyens, non étiquetés et trans-classes.

C'est au sein de *Contemporary Issues* que Bookchin publie ses premiers écrits, dont certains sont traduits en allemand. Il les signe sous divers pseudonymes, à l'instar des autres rédacteurs du groupe, à l'origine pour éviter la traque communiste. Il

---

matérielles (voir *infra* chapitre III : *De l'ère du besoin à celle de l'abondance*). Bookchin dédiera d'ailleurs son livre *Post-Scarcity Anarchism* à Josef Weber qui, comme il l'explique, « a formulé les bases du projet utopique développé ici » (Murray Bookchin, *Post-Scarcity Anarchism*, Londres, Wildwood House, 1974, p. 30).

2. La revue a été publiée dans les villes de Londres et de New York de 1947 (1948 pour la version anglaise) à 1970.

3. Marcel van der Linden, citant un éditorial de *Dinge der Zeit*, « The Prehistory of *Post-Scarcity Anarchism* », *Anarchist Studies*, vol. 9, n° 2, 2001, p. 128. L'ensemble des informations exprimées ici sur *Contemporary Issues* est tiré de cet article ainsi que de sa critique par Janet Biehl, « Bookchin's Originality », *Communalism*, n° 14, avril 2008.

devient ainsi M. S. Shiloh, Robert Keller, Harry Ludd ou encore Lewis Herber. Ses écrits abordent des sujets comme l'antisémitisme durant la Seconde Guerre mondiale ou la question des droits civiques aux États-Unis.

Son premier article important, « The Problem of Chemicals in Food »[4] (1952), traite de la menace que représente l'utilisation des pesticides pour notre santé et marque le début des préoccupations écologiques de Bookchin. L'article est le résultat d'une analyse des données colligées par une commission du Congrès américain. « Bookchin a utilisé ces données pour démontrer que les additifs chimiques dans la nourriture étaient largement répandus, et qu'il existait des aliments qui étaient "presque entièrement synthétiques"[5]. » Sa parution connaît certaines répercussions : son impact aurait permis de porter la question jusqu'à la Chambre des Lords britannique. Les réactions furent aussi critiques et Bookchin rapporte que beaucoup ont considéré cet essai comme une « attaque "sauvage et irresponsable" contre la société existante[6] ».

Suit un autre écrit phare quand, en 1956, en réaction à la répression de la révolte hongroise par les Soviétiques, Bookchin rédige un appel à l'aide à l'endroit du gouvernement étatsunien en faveur des rebelles hongrois intitulé « Nous ne pouvons laisser les blindés russes écraser le peuple hongrois[7] ! » Un essai sous forme d'indignation qu'il transmet également lors de conférences données en divers lieux de la Nouvelle-Angleterre.

Weber et Bookchin restent très proches durant près de dix ans. Weber sera notamment celui qui initiera Bookchin aux idées de l'École de Francfort, dont les écrits marqueront ses travaux durant plusieurs années. Mais quand Weber décède en 1959 et que le mouvement commence à se désagréger, Murray Bookchin avait déjà pris ses distances. Dès 1957, en raison entre autres de positions divergentes sur différents sujets, Bookchin s'est progressivement distancié des idées de Weber. Il s'oriente alors

4. *In Contemporary Issues*, nº 10, 1952. Cet important article sera publié en 1955 sous la forme d'un livre, en allemand, sous le titre *Lebensgefährliche Lebensmittel*.
5. Marcel van der Linden, *op. cit.*, p. 135.
6. Murray Bookchin, « Reflections : An Overview of the Roots of Social Ecology », *Harbinger*, vol. 3, nº 1, 2003, p. 10.
7. « We cannot let Russian Armor Crush the People of Hungary ! », écrit anonymement dans *Contemporary Issues*, le 3 novembre 1956.

plus en direction de la démocratie directe, mais aussi de l'anarchisme, influencé en cela par un groupe d'anciens membres du mouvement ouvrier[8]. Mais on voit aussi naître chez lui une attention grandissante pour les questions écologiques, dans lesquelles il entrevoit un fort potentiel.

L'écologie comme levier d'opposition au capitalisme

Si « The Problems of Chemicals in Food » marque une première réflexion importante sur la question de la détérioration conjointe de la santé et de l'environnement, l'intérêt de Bookchin pour l'écologie ne surgit pas du néant. La parution en 1948 de deux ouvrages pionniers de l'écologie – *Road to Survival* de William Vogt et *Our Plundered Planet* de Fairfield Osborn – a eu un grand impact dans le développement de cette préoccupation chez lui, tout comme certains écrits de Marx et Engels, dans leur volonté de réconcilier et réunifier ville et campagne[9].

Mais il faut mentionner encore une autre motivation qui l'aurait porté sur la voie verte. Celle née en réaction au tournant pris par les sociétés occidentales au sortir de la guerre. Ainsi qu'il l'exprime en relatant ses souvenirs de l'époque, « [le] déclenchement de la Seconde Guerre mondiale ne laissait aucun doute dans nos esprits que le conflit allait se terminer par des révolutions socialistes – ou alors il ferait face à la barbarie. Et, par barbarie, nous sous-entendions l'expansion du nazisme. » Seulement, « [*pas*] *plus le socialisme que le fascisme n'émergèrent de la guerre*, mais, à notre grande surprise, le capitalisme libéral[10] ». Et celui-ci va devenir l'idéologie dominante, se stabilisant et s'ancrant définitivement en Occident puis dans le reste du monde.

C'est ainsi que s'est imposé le constat suivant : le capitalisme entraîne désormais le monde tout droit vers une catastrophe écologique qui pourrait marquer l'écroulement de la société telle que nous la connaissons aujourd'hui – et avec elle une bonne partie du monde naturel. Il était dès lors essentiel de mettre en

8. Voir Janet Biehl, « Bookchin's Originality », *op. cit.*
9. Janet Biehl, « Bookchin Breaks with Anarchism », *Communalism*, n° 12, 2007, p. 2. Voir aussi Janet Biehl, *The Murray Bookchin Reader*, Montréal, Black Rose Books, 1991, p. 13-14.
10. Murray Bookchin, « Reflections : An Overview of the Roots of Social Ecology », *op. cit.*, p. 8. [Accentué dans l'original].

évidence les failles de ce système jugé contre-nature – dans les deux sens du terme – qui ne pouvait se maintenir dans la durée sans graves conséquences, ni se répandre universellement.

C'est ainsi que se retrouve dans les écrits de Bookchin une opposition au capitalisme, motivée par des raisons écologiques. Avec des propos généralement très appuyés : « Le capitalisme multinational des grandes sociétés est un cancer de la biosphère qui détruit avec rapacité sur cette planète le travail de siècles d'évolution naturelle ainsi que les supports de formes de vie complexes[11] » ; c'est le « point de *négativité absolue* pour la société et pour le monde naturel[12] » ; « une économie structurée autour de la maxime "croître ou mourir" doit *nécessairement* prendre le monde naturel comme adversaire et semer la ruine écologique[13] ». En clair, le capitalisme se montre fondamentalement irrationnel du point de vue écologique et en proie à ses propres contradictions[14].

Le développement de ce qu'il faut appeler les prémisses de l'écologie sociale émerge de cette prise de conscience. Comme le capitalisme sortait renforcé de la crise qu'avait été la Seconde Guerre mondiale[15], il a fallu aller chercher un autre facteur moderne pertinent apte à faire obstacle au capitalisme, un nouveau levier permettant de le faire chuter :

> [...] ce n'était pas une passion exaltée pour la vie et la nature sauvage, la nourriture biologique, le primitivisme, les méthodes de production artisanales, les villages (en opposition aux cités), le « localisme », la conviction que « ce qui est petit est beau » [...] qui m'ont amené à formuler et promouvoir l'écologie sociale. J'étais guidé par le besoin impérieux – mais aussi stimulant – de formuler

---

11. Murray Bookchin et Dave Foreman, *Quelle écologie radicale ?*, Lyon, Atelier de création libertaire, 1994, p. 65.
12. Murray Bookchin, *Une société à refaire*, *op. cit.*, p. 143. [Accentué dans l'original].
13. *Ibid.*, p. 31. [Accentué dans l'original].
14. Murray Bookchin, « Au-delà de la rareté », *in Pour une société écologique*, Paris, Christian Bourgois éditeur, 1976, p. 28.
15. Plus que seulement renforcé d'ailleurs, le capitalisme s'est montré non seulement apte à survivre aux différents facteurs et crises économiques qu'il engendrait, mais s'est développé toujours plus profondément dans nos sociétés, par l'intermédiaire du marché et de l'attrait des biens de consommation. Comme Bookchin aime à le rappeler, il s'est répandu au sein de la sphère sociale, de la sphère privée et jusqu'à notre propre inconscient.

un *impératif viable* qui condamnait le capitalisme à l'auto-extinction[16].

On trouve donc un argument très politique dans les motivations de Bookchin à se préoccuper d'écologie. Il serait exagéré de dire que l'aspect écologique ne fut qu'un prétexte, mais on peut avancer qu'il s'est imposé pour d'autres motifs que les seuls bienfaits de la préservation de l'environnement et de son rôle biologique.

Cet aveu est surtout révélateur de la forme prise par l'écologie sociale. Il explique en grande partie l'optique et l'angle adoptés par celle-ci pour traiter les problèmes écologiques. Le bagage politique de Bookchin étant celui d'un militant socialiste, il demeure avant tout centré sur la réfutation du capitalisme, considéré comme le grand responsable des maux écologiques et sociaux actuels. Le point de départ de l'écologie sociale consiste ainsi à formuler une alternative viable à la pensée révolutionnaire de gauche, désorientée par les réalisations du « socialisme réel » en URSS, et qui, comme Bookchin le défendra par la suite, ne parvient pas à se renouveler.

Je ne dirai pas, comme on l'entend parfois, que Bookchin s'est pris pour Marx. En revanche, il avait clairement l'ambition de raviver l'engouement militant autrefois produit par le marxisme. Pour ce faire, il est allé chercher dans les questions de son époque ce qui pourrait représenter une alternative au marxisme prolétarien. Une alternative qu'on trouvait alors dans l'écologie, mais chez des penseurs qui n'intégraient que peu l'analyse politique et sociale dans leurs écrits. Il en ressortait une tendance à voir la démographie et le progrès technologique comme cause principale des dégâts écologiques et à culpabiliser l'être humain, en tant que groupe homogène, comme indifféremment responsable de cette crise, plutôt que de mettre l'accent sur les institutions en place et les grandes multinationales qui orientent, voire maîtrisent la

---

16. Murray Bookchin, « Reflections, An Overview of the Roots of Social Ecology », *op. cit.*, p. 10. La référence au titre de l'ouvrage d'E.F. Schumacher, *Small is Beautiful*, ne devrait pas être comprise comme une opposition à son œuvre, qui rejoint Bookchin sur de nombreux points. Elle dénonce surtout sa reprise comme slogan populaire. On a en définitive plus fait la promotion du titre de l'ouvrage que des idées véhiculées à l'intérieur.

législation, l'innovation et la production[17]. En y insufflant les questions sociales, Bookchin a su voir le potentiel d'une vision très humaniste et socialiste de l'écologie, qui prône l'émancipation des personnes plutôt que de pointer sur elles un doigt accusateur.

Concrètement, dans les théories de Bookchin, l'écologie dépasse les aspects économiques mis en évidence dans le marxisme comme devant entraîner la chute forcée du capitalisme. En effet, alors que Marx considère principalement des limites internes (c'est-à-dire économiques et sociales) au capitalisme, Bookchin insiste également sur la présence de limites *externes*, celles de l'environnement[18]. Il est ainsi clair dans son esprit que faire cohabiter écologie et capitalisme est une cause perdue d'avance. Il ne peut exister de capitalisme « vert » : par son besoin de croissance, donc de consommation, et sa régulation en fonction des coûts et profits sans tenir compte des conséquences à moyen et long termes, le capitalisme s'oppose par nature à l'idée d'une société écologique. La logique du marché libre et de la croissance continue du PIB est antithétique avec le développement d'une société humaine en phase avec son environnement naturel. Pour résoudre la crise écologique, il est impératif de sortir du cadre proposé par le capitalisme et l'économie de marché – tout comme du système d'État-nation, également visé par sa tendance similaire à la compétition entre États et à la domination. Capitalisme, économie de marché et État-nation forment ainsi trois éléments à considérer conjointement, et à travers eux l'ensemble des institutions et hiérarchies sociales souvent instaurées en leur nom.

Il faudra encore du temps, à la suite de Bookchin et de bien d'autres, mais petit à petit, l'écologie s'invitera bel et bien au sein de l'agenda politique, comme une notion fondamentale à prendre en compte.

***

Les questions débattues par Bookchin dans *Contemporary Issues* et les préoccupations naissantes sur l'écologie vont donner lieu

17. Lire à ce sujet Chaia Heller, *Désir, nature et société*, Montréal, Écosociété, 2003, chapitre 1.
18. Murray Bookchin, *Une société à refaire*, *op. cit.*, p. 143.

en 1962 à un premier livre, *Our Synthetic Environment*[19]. Il y exprime les principaux thèmes qui forment sa pensée écologique et sociale. Un ouvrage surtout marqué par la dénonciation des dérives et des risques engendrés par la société moderne dans les domaines de l'agriculture, de la nourriture, de l'urbanisme ou encore des radiations. Bookchin y fait le constat que « les intérêts non humains supplantent plusieurs de nos responsabilités envers le bien-être biologique humain. [...] Les lois les plus pernicieuses du marché obtiennent priorité face aux lois biologiques les plus importantes[20]. »

Allant au-delà d'une simple énumération de problèmes, l'essai prend aussi la forme d'un appel, tenant compte des besoins d'une société plus saine et rationnelle. Bookchin y promeut les avantages d'une société décentralisée, plaçant la science et la technologie au service de l'être humain et de son environnement. Son message principal est que seul le développement de cette voie pourrait donner lieu à une société favorisant l'harmonie entre les êtres humains et le monde naturel. « J'essaie à travers l'écologie de soigner les plaies ouvertes lors de la rupture opérée entre l'humanité et la nature il y a des milliers d'années[21] », exprime-t-il dans son introduction à la réédition du livre. De fait, seul le nom d'« écologie sociale » manque encore à l'appel, au profit de celui d'« écologie humaine ».

L'ouvrage paraît chez Alfred A. Knopf, un grand éditeur newyorkais. Premier ouvrage de Bookchin, il connaît une large diffusion et vaut à son auteur, ou du moins son pseudonyme, une certaine renommée. Quant à savoir l'impact réel qu'a connu ce livre, les avis sont partagés. On sait surtout que son message reçoit un accueil remarqué auprès du milieu scientifique, mais peu au-delà. Beaucoup de commentateurs relèvent néanmoins que les propos soulèvent des questions pertinentes pour l'époque. Et parmi celles-ci, cette forte considération sur la détérioration

19. Lewis Herber, *Our Synthetic Environment,* New York, Alfred A. Knopf, 1962. L'ouvrage serait paru sous le pseudonyme de « Lewis Herber » à la demande de l'éditeur, qui trouvait que « Murray Bookchin » n'était pas un nom très vendeur. Il fut réédité en 1974 sous son vrai nom.
20. *Ibid.*, p. 26.
21. Murray Bookchin, *Our Synthetic Environment*, New York, Harper & Row, 1974 [1962], p. XXII.

du bien-être et de la qualité de vie des habitants des sociétés occidentales.

Une humanité malade

Our Synthetic Environment met en évidence certains problèmes qui faisaient déjà alors leur apparition au sein des sociétés occidentales dites « développées » : obésité, manque d'efforts physiques, problèmes de cancer à cause de la cigarette et du stress, etc. Des maux qui, comme on le sait, n'ont cessé de progresser ces dernières décennies. Selon Bookchin, les membres des sociétés occidentales modernes sont aux prises avec une crise sociale, culturelle et identitaire de grande envergure. Le constat porté est éloquent : « En simplifiant à l'extrême l'environnement naturel, nous avons créé un homme incomplet qui vit une vie déséquilibrée au sein d'un monde standardisé. Un tel homme est malade – pas seulement moralement et psychologiquement, mais aussi physiquement[22]. »

Il y a plusieurs facettes à cette crise. Toujours plus citadin, l'être humain a vu s'éloigner le contact direct qui le liait au monde naturel qui l'entoure et avec lequel il demeure malgré tout intimement lié. Un phénomène de rupture qui n'a cessé de s'élargir, touchant également la communauté sociale et enfin la cellule familiale. « La tendance la plus dévastatrice en ce moment, non seulement dans l'écologie naturelle mais aussi dans l'écologie sociale, est la simplification de la vie sociale. Nous avons abandonné – en raison de tous ses échecs et de ses faiblesses – la famille étendue. Nous avons abandonné le voisinage ; nous avons abandonné l'idée que nous faisons partie de quelque chose[23]. » Les espaces citadins flous, uniformisés et anonymes, conçus sous des impératifs économiques et bureaucratiques plutôt que sociaux, ne peuvent guère donner la sensation *d'exister.* De tels lieux de vie (compris dans le sens d'un *environnement* global) ne peuvent procurer un sentiment d'appartenance, ni même celui d'y avoir un sens – et donc ne favorisent guère la prise de

22. *Ibid.*, p. 209-210.
23. Murray Bookchin, interviewé par Thomas Pawlick, « A Return to First Principles : Comparing Notes with Murray Bookchin, Rebel with the Best of Causes », *Harrowsmith*, vol. 43, 1982.

conscience de pouvoir les influencer ni n'apportent la responsabilité de devoir les préserver.

Il en résulte une perte profonde de repères culturels et sociaux, dont l'isolement, l'ennui, la passivité, les troubles psychologiques, le recul de la personnalité et le manque de confiance en soi. Autant de maux qui en sont les conséquences directes. Des troubles qui constituent autant d'indicateurs de la crise sociale actuelle. En conséquence, les habitantes et habitants des pays les plus industrialisés et urbanisés de la planète doivent renouer contact avec la nature autant qu'avec leur *propre nature*, biologique et humaine. Autrement dit, avec eux-mêmes. D'où l'accent mis dans l'écologie sociale sur l'importance de redévelopper une place véritable au sein d'une communauté proche, intégrée dans un environnement connu.

Le grand responsable désigné de la désintégration observée du lien social est, là encore, personnalisé par le capitalisme. Sont notamment ciblés son système de concurrence et sa façon de donner une valeur marchande à toutes les composantes de la société. Bookchin ne s'y trompe pas, « [l]e capitalisme met en avant l'égoïsme, pas l'individualité ou "l'individualisme"[24] ». Cette distinction est importante : le premier est celui qui agit *pour* lui-même et le second *par* lui-même.

Contrairement à l'exemple de la nature, le modèle capitaliste a largement promu l'uniformisation et l'homogénéisation. Il s'est coupé de toute une richesse culturelle et biologique pour des questions de rentabilité et de facilité de production. La tendance actuelle de notre société à spécialiser et uniformiser ce qui l'entoure s'applique aux objets, aux machines, mais aussi aux principes – c'est-à-dire aux vastes domaines de développement de la pensée, des réflexions et jusqu'aux idéologies politiques – et au bout du compte aux personnes elles-mêmes. « Tout ce qui est spontanéité, créativité et individualité est cerné par le standardisé, le conditionné, le massifié », prévient Bookchin. « C'est sur le mode quantitatif, statistique, comme dans une fourmilière, que l'on traite l'homme au détriment de toute approche mettant l'accent sur la singularité individuelle, la libre expression et la richesse

---

24. Murray Bookchin, « Desire and Need », *in Post-Scarcity Anarchism*, *op. cit.*, p. 284.

culturelle[25]. » Le développement des capacités personnelles, de ce qui fait l'originalité et l'identité de chacun a été détruit par des modèles globaux, mieux aptes à façonner les besoins de la population selon les modes de production industriels.

Victime de cette situation, l'humanité est devenue pour Bookchin une caricature d'elle-même, obnubilée par le paraître au point de laisser de plus en plus de côté ce qui construit une personnalité : « Les habits, le maquillage, les coiffures sophistiquées, les gadgets, le vaste étalage d'insignes et de marques, tous se combinent dans les cloaques urbains du monde pour nous faire paraître plus "intéressants" et moins dépersonnalisés que nous ne le sommes vraiment[26]. » Notre société de masse, issue d'une technologie de masse et de l'éclosion des médias de masse, s'oppose au développement de la personnalité au profit du paraître et de codes de conduite prédéfinis qu'il est impératif de suivre pour être intégré. Mettre fin à cette tendance à la simplification réductrice permettrait de retrouver l'apport de la diversité des individus sous la forme de leur positive complexité. Une diversité qui, comme cela a été montré par différents modèles et expériences scientifiques, contribue à la stabilité des communautés et écosystèmes ainsi qu'à la vitalité d'une société[27]. À l'image de la fébrilité des champs en monoculture face aux maladies et aux parasites sans l'utilisation massive de pesticides, l'être humain, rendu trop homogène et passif, se fragilise – socialement, intellectuellement et finalement en tant qu'espèce capable de s'organiser et faire face aux changements. La créativité et le potentiel d'adaptation sont des composantes fondamentales de l'évolution. Nous avons aujourd'hui le devoir de les sauvegarder.

L'ère capitaliste ayant toujours davantage détaché l'être humain (et de plus en plus la nature, une fois transformée pour répondre à ses besoins) des caractéristiques identifiées du vivant que sont l'originalité, la diversité et la spontanéité, tout devient

25. Murray Bookchin, « Écologie et pensée révolutionnaire », *in Pour une société écologique*, *op. cit.*, p. 151.
26. Murray Bookchin, « Market Economy or Moral Economy ? », *in The Modern Crisis*, New Society Publishers, 1986, p. 83.
27. Les travaux de Lotka et Volterra dans les années 1920 furent parmi les premiers à le mettre en évidence. Voir aussi à ce sujet les travaux de James Lovelock et Lynn Margulis.

toujours plus standardisé et domestiqué. Il en résulte un double problème, écologique et social – constatation qui préfigure le principe clé de l'écologie sociale énoncé plus tard par Bookchin.

Bien que « malade », l'être humain n'en demeure pourtant pas aveugle, ni sans réaction, face à cet état de fait. Les membres de nos sociétés ressentent bel et bien que « quelque chose » ne va pas. Ils ont conscience de la frustration de leur existence[28]. Alors ils se plaignent, souffrent parfois, font part de leur colère éventuellement. Mais la distance entre eux et le pouvoir, le manque de moyens d'agir concrètement, ainsi sans doute que l'attrait séduisant et apaisant de la société de consommation et la peur du changement, préviennent toute révolte et remise en question profonde. L'une des grandes forces du modèle de société actuel est d'être parvenu à insuffler l'idée qu'il n'existe aucune alternative crédible et, par voie de conséquence, qu'il serait vain d'en appeler une de ses vœux.

On peut opérer ici un lien direct avec le volet politique du mouvement d'écologie sociale. Car la dégradation de la personnalité humaine et du sentiment d'appartenance à la société trouve aussi dans ses causes premières la perte, ancestrale, de la possibilité de participation directe aux décisions. Le pouvoir politique est passé des mains de la population à des organes étatiques, centralisés et professionnels. Réduits à un simple rôle de consommateur(trice)/électeur(trice)/contribuable, les citoyens se sont vus écartés progressivement de la participation à la gestion directe des affaires publiques. Aujourd'hui, la politique est gérée par des spécialistes à qui le peuple délègue son pouvoir. Alors que chaque citoyen est potentiellement capable de prendre part aux prises de décision qui l'affectent, il ne peut le faire directement car cette possibilité lui a été rendu inaccessible, lui demande beaucoup d'efforts pour être exercée et/ou lui apparaît d'une complexité décourageante. Les institutions sont devenues une autorité qui dirige, de façon assez paternaliste, des citoyennes et citoyens enfants (et souvent résignés, si ce n'est consentants), les déresponsabilisant et leur ôtant ainsi une part de leur rôle

28. Une tension qui découle selon Bookchin du contraste entre ce qui est et ce qui pourrait être – ainsi qu'à travers ce que l'on nous *promet*, entre autres par la publicité. Cette tension représente d'ailleurs un des moteurs du changement avancé par l'écologie sociale.

légitime dans la société. Désillusionné face à l'opportunité de changer les choses, chacun ferme trop souvent les yeux sans réagir et sans faire valoir son avis. Comme si ce n'était plus sa responsabilité mais, en dernier ressort, celle de politiciens qui font mal leur travail. Cette perte de conscience du poids et du rôle que chacun peut jouer dans la société contribue largement au sentiment d'impuissance et de crise identitaire.

Pourtant, bien que nous n'en ayons plus l'habitude, nous n'avons pas perdu *l'aptitude*, et encore moins la volonté, d'agir par soi-même. Mais retrouver et exprimer ses particularités propres, affirmer et libérer son « moi » pour aboutir à un « nous » constructif, reste un acte difficile qui nécessite une nouvelle façon de vivre et de considérer la vie. Ainsi, pour « se guérir », les hommes et les femmes doivent avant tout se *réhumaniser*, et réhumaniser leur société. Aussi, il n'est pas seulement important pour l'être humain de retrouver sa place dans la nature – cette fameuse réconciliation de la société et de la nature –, il doit également se retrouver lui-même, reprendre conscience de ce qui lui est favorable et de ce qui le détruit. Et se mettre consciemment en quête du mieux-vivre.

Redévelopper la conscience de son rôle à jouer comme membre de la société, renouer un lien identitaire avec le monde social et naturel qui nous entoure et retrouver un bien-être physique et psychologique devraient figurer au rang des priorités de notre développement. Cela peut être entrepris de plusieurs manières. En se regroupant, autant pour recréer un sentiment d'appartenance que pour revendiquer et s'accaparer collectivement le rôle directeur qui revient à la collectivité. En multipliant les activités, physiques et intellectuelles, les expériences personnelles et sociales. En s'éduquant et en s'ouvrant au monde pour dépasser les limites de ses propres intérêts. Un développement qui passe par une éducation et une expérience la plus large possible, donc autant culturelle que physique ou écologique : « Un mode de vie complet pour un être humain présuppose un accès illimité à la campagne autant qu'à la ville, à la terre autant qu'aux chaussées pavées, à la flore et à la faune autant qu'aux bibliothèques et aux théâtres[29]. » Diverses actions qui poussent à développer ses capacités, ce que Bookchin appelle le « potentiel »

29. Murray Bookchin, *Our Synthetic Environment*, *op. cit.*, p. 209-210.

de chacun, au profit de la communauté et du monde qui nous entoure.

***

La parution en 1962 de *Our Synthetic Environment* place Bookchin dans une position de précurseur dans une mouvance écologiste qui n'en est qu'à ses balbutiements. On peut le considérer comme un membre de la deuxième vague des écologistes modernes, celle qui succède notamment à William Vogt, Fairfield Osborn, Aldous Huxley et quelques autres qui se manifestent à la fin des années 1940. La direction qu'il contribue à lancer représente la branche *politique* de l'écologie, alors que la discipline était jusqu'alors très liée à la biologie et la préservation de la nature.

Une tendance qui connaît son départ « officiel » en cette même année 1962, avec le désormais classique *Printemps silencieux* de la biologiste Rachel Carson, paru quelques mois après *Our Synthetic Environment.* Décrivant l'impact des pesticides sur la faune et sur la flore, ce best-seller a créé une petite révolution auprès du grand public et des milieux concernés. *Printemps silencieux* a marqué son époque, à tel point qu'il est l'événement communément retenu pour marquer l'évolution de l'écologie, en tant que discipline scientifique, vers un mouvement revendicateur et politique.

Un petit débat existe sur la question de savoir pourquoi le livre de Bookchin n'a pas eu un écho comparable à celui de Carson. Les deux ouvrages présentaient en effet une optique et des préoccupations similaires, notamment en ce qui concerne les conséquences des pesticides sur la santé et la nature. Il faut dire qu'*Our Synthetic Environment* ne s'adressait pas à un large public, de par son style très dense, très technique et référencé, qui le rend peu accessible. Il est à l'opposé de la prose plus délicate de Rachel Carson, dont l'ouvrage se montre aussi plus clairement centré autour d'un message précis. Cette constatation n'est pas anodine, car elle concerne presque l'ensemble des publications de Bookchin. Elle se répétera par exemple avec le succès de l'ouvrage *Small is Beautiful* d'Ernst Friedrich Schumacher (1973), reprenant plusieurs des arguments avancés par Bookchin en faveur d'une société décentralisée et d'une technologie alternative. L'économiste allemand s'inspire et cite d'ailleurs *Our Synthetic Environment* à plusieurs reprises dans son propos, mais son succès n'aura pas d'impact sur les propres travaux de Bookchin.

Il est néanmoins très hasardeux de chercher à déterminer pourquoi, entre des ouvrages d'époque similaire et sur des sujets proches, certains deviennent connus et d'autres non. Outre le style d'écriture, le fait que Bookchin soit demeuré en dehors des canaux de diffusion universitaires a sans doute joué son rôle, tout comme la forte politisation de ses écrits.

Pour Bookchin, *Our Synthetic Environment* marque les premiers jalons importants du développement de sa pensée et de son parcours de théoricien. Un parcours qui se révèlera très productif et qui va beaucoup se développer dans les années 1960. On est alors dans une période particulièrement vivante, durant laquelle l'écologie change ostensiblement d'orientation. Non seulement la discipline se fait un nom et gagne en importance pour atteindre progressivement les premiers rangs des préoccupations de son temps, mais elle prend aussi une tout autre définition. Elle devient cette science dite *subversive* comme on la caractérise par la suite.

Chapitre III

La naissance de l'écologie sociale 1963-1971

Les années 1960 voient fleurir aux États-Unis et dans plusieurs autres pays divers mouvements radicaux de revendications sociales et politiques. Murray Bookchin ne manque pas de participer à cette montée du militantisme : au travers de publications, de conférences et d'actions entreprises au sein de différents groupes anarchistes, il cherchera autant que possible à faire intégrer ses vues – notamment en matière d'écologie – au sein des débats.

Sans entrer dans les détails d'une période de sa vie sur laquelle lui-même s'est peu étendu, on sait qu'après avoir quitté *Contemporary Issues* à la fin des années 1950, Bookchin rejoint le CORE (The Congress of Racial Equality, un important mouvement national en faveur des droits civiques créé en 1942). Il n'y reste cependant que quelques mois, entre 1963 et 1964, en fait jusqu'à la montée en son sein du Black Power qui aboutit à une séparation avec les militants blancs. Il cofonde ensuite la New York Federation of Anarchists, dont il sera l'un des piliers entre 1964 et 1967. Enfin, dès 1968, Bookchin et quelques autres créent le groupe Anarchos, dont la principale activité était l'édition d'une revue. Elle connaîtra quatre éditions, entre 1968 et 1972, dans lesquelles Bookchin publiera la plupart de ses nouveaux articles.

Murray Bookchin est alors largement connu comme une figure phare de la scène anarchiste new-yorkaise. Son style est celui d'un intellectuel, prompt aux débats, à l'éducation et à l'information, comme en témoignent ses nombreuses publications. Un goût pour le milieu des idées qui l'amène à intégrer en 1969 l'établissement d'enseignement Alternative U, basé à Manhattan, en tant que professeur. Une université dont sera issu un certain nombre de ceux qui formeront Ecology Action East – un important groupe écologiste, précurseur du genre. Cette organisation que Bookchin intègre entre 1969 et 1970, et dont il rédige le manifeste, se fixait comme objectif « de développer au sein du mouvement révolutionnaire la conscience du fait que la crise de l'environnement est le mal le plus grave et le plus pressant qu'engendre cette société d'exploitation et d'aliénation et que tout projet authentiquement révolutionnaire doit s'édifier sur les principes écologiques[1] ». Cette volonté de conscientisation s'appuiera sur des publications et des opérations choc. À titre d'exemple, on citera leur action du 22 avril 1969 lors de l'exposition universelle de New York, où les militants organisèrent un défilé funèbre théâtral. Cent cinquante personnes défilèrent devant les marchands et promoteurs d'emballages de Central Park pour dénoncer la pollution produite par ces déchets.

Dans son travail de théoricien, Bookchin va aussi investir le thème des villes. Une réflexion qui aboutit à un premier ouvrage sur le sujet : *Crisis in Our Cities*, en 1965, toujours sous le pseudonyme de Lewis Herber. Paru trois ans après *Our Synthetic Environment*, l'ouvrage rejoint ce dernier sur de nombreux points, notamment au niveau de la forme : très référencé, il s'appuie sur de nombreux exemples concrets et se montre avant tout concerné par les questions de santé liées à l'être humain. L'essai reprend l'étude portant sur la répercussion des pollutions et du stress sur les individus, mais en se focalisant cette fois sur le contexte citadin. Comme Hugh Bartling le résume, dans un commentaire des travaux de Bookchin sur la ville et l'urbanisation : « Dans [ce livre], il examine les effets de la pollution de l'air et de l'eau ainsi que l'agencement géographique des cités

1. Murray Bookchin, « Pouvoir de détruire – pouvoir de créer », *in Pour une société écologique*, *op. cit.*, p. 201.

modernes et en conclut qu'il en résulte une population en mauvaise santé, qui respire un air insalubre et se voit reléguée à l'inactivité physique à cause des modes de transport à moteur et du rythme élevé de la vie moderne[2]. » Il en ressort un plaidoyer fort pour la décentralisation, les énergies renouvelables et le retour à une vie équilibrée, dans des communautés à échelle humaine et en adéquation avec leur environnement. Des lieux de vie qui disposeraient de l'apport culturel des villes et de la qualité de vie propre aux villages.

Décentraliser les villes

> *Pour que se réalise le potentiel politique de la municipalité, la vie communautaire doit être ramenée à des proportions convenant au champ politique démocratique. C'est-à-dire que toute cité actuelle qui est d'une taille considérable doit être divisée en municipalités plus petites, faciles à gérer.*
>
> Janet BIEHL, *Le municipalisme libertaire*

Dans l'écologie sociale, la cité (ou la commune, les deux étant utilisés indifféremment pour représenter une même entité) joue un rôle politique, social et éducatif de premier plan. Vue comme le fruit d'une construction historique, elle a, au cours de son évolution, progressivement repris le rôle joué par la communauté. Tandis que l'espèce humaine se sédentarise, les villages commencent à se former et grandissent pour devenir des villes. Mais la rupture qui en a résulté est importante. En effet, ces espaces se caractérisent par une incapacité à produire leur propre nourriture, ce qui les oblige, pour subvenir à leurs besoins, à importer des cultures de la campagne. Un phénomène qui a progressivement opéré une séparation entre ces deux milieux et participé à la séparation de l'être humain avec le monde naturel, masquant la relation de l'un vis-à-vis de l'autre.

Dans cette même évolution, notre société n'a cessé de se centraliser, de rassembler les structures de production et de décision dans des centres urbanisés. Les villes en retiraient beaucoup

2. Hugh Bartling, « Murray Bookchin: "Revolutionary Anarchist" of the City », University of Kentucky, Advanced Seminar in Policy Studies: Sustainable Urban Design, 1996.

d'importance à mesure qu'elles croissaient. Cela s'est traduit par une dépendance grandissante de la périphérie vis-à-vis des centres. De même, les besoins logistiques se sont accrus afin de déplacer les gens et les marchandises vers les différents centres, ou entre eux.

Dans un même temps, la montée de l'État-nation, puis de l'industrialisation et de l'urbanisation, a marqué une tendance continue à l'édification de structures de grande ampleur. Pour Bookchin, cette centralisation conduit directement à la dépendance et à une pression terrible, économique et écologique, sur le lieu qui les accueille :

> Mais il y a un problème plus grave que celui du comportement des dirigeants de ces firmes, c'est celui de la taille des entreprises elles-mêmes, celui de leur gigantisme et de tout ce qu'il implique pour la région où elles sont implantées, pour ses collectivités humaines comme pour ses cours d'eau, celui de leurs besoins en matières premières et en eau, celui de leur place dans la division nationale du travail.
>
> [...]
>
> La société moderne, telle que nous la connaissons tout particulièrement aux États-Unis et en Europe, repose sur d'immenses zones urbaines, sur une agriculture hautement industrialisée et, coiffant le tout, un appareil d'État hypertrophié, bureaucratisé et anonyme. Si on laisse de côté toute considération morale pour ne considérer que la structure matérielle d'une telle société, on ne peut manquer d'être frappé par les incroyables problèmes de logistique qu'elle doit résoudre – problèmes de transport, d'approvisionnement (en matières premières, en biens manufacturés et en denrées alimentaires), d'organisation économique et politique, de localisation des industries, etc. Une société urbanisée et centralisée de ce type représente pour n'importe quelle étendue continentale une charge accablante[3].

Conscient que cette tendance au gigantisme entraîne une destruction généralisée de l'environnement, ainsi que de la qualité de vie des communautés aux alentours, l'écologie sociale appelle à la décentralisation, au retour à une échelle humaine, au proche de soi. Un concept simple en apparence mais qui induit

---

3. Murray Bookchin, « Écologie et pensée révolutionnaire », *in Pour une société écologique*, *op. cit.*, p. 147-148.

un bouleversement profond du développement actuel de nos sociétés occidentales.

Par la décentralisation, Bookchin prône un retour à une économie et à une politique locales. Il faut accorder plus de poids aux cités et régions par une plus large répartition de la production et du pouvoir de décision au niveau de la base. Une volonté qui va dans le sens, déjà évoqué, de permettre à chacun de s'intégrer dans un univers à sa portée, au sein d'un espace géographique, politique et social qu'il soit capable de comprendre, dans lequel il puisse participer, mais surtout auquel il puisse s'identifier.

Le grand enjeu de la décentralisation reste très concrètement la réduction de la taille des villes. Pour des raisons écologiques et sociales, il est impératif de désengorger les grandes agglomérations et ne plus les bâtir de telles manières qu'elles se retrouvent opposées à la nature et la campagne. Au lieu de poursuivre dans cette voie délétère, « [un] nouveau type de communauté, soigneusement ajusté aux particularités et aux ressources de la région, doit remplacer les agglomérations tentaculaires que nous connaissons[4] ». Il est question d'inverser le processus d'envahissement des étendues urbaines aseptisées pour lui substituer un système d'éco-communautés à taille humaine et étroitement liées à leur milieu naturel. Des cités qui tiendraient compte des ressources proches et tâcheraient de les utiliser à bon escient selon les besoins réels.

Par ce processus de décentralisation, on cherche à mettre ainsi fin à la relation de dépendance et d'opposition entre la ville (en tant que centre et lieu d'activités diverses) et la campagne ou la banlieue (la périphérie servant principalement de cité-dortoir) et rassembler ces deux aspects en une forme mixte et conjointe. Cela signifie recréer différents centres au sein des villes tout en faisant renaître des espaces naturels à l'intérieur même des zones urbanisées. Avec la volonté d'atteindre une répartition plus homogène des lieux voués à l'habitat, à la culture et aux loisirs, au commerce, aux industries et aux bureaux, mais rassembler aussi les quartiers séparés socialement, marqués par la division croissante entre personnes aisées et celles à bas revenus.

4. *Ibid.*, p. 160.

La décentralisation des villes comporte en réalité deux facettes. Une décentralisation politique, dont le processus a été longuement décrit à travers la théorisation du municipalisme libertaire (voir le chapitre V), et une décentralisation physique (ou décentralisation territoriale). On peut les considérer comme deux étapes, même si leur réalisation peut être conjointe. La décentralisation physique succéderait dans la majorité des cas à la décentralisation politique. Sa réalisation émergerait par une suite de mesures s'additionnant les unes aux autres sur le long terme. À titre d'exemple, on peut citer la relocalisation de la production, la recréation de centres publics et administratifs locaux, une limite à l'expansion urbaine ou encore un contrôle des constructions[5].

L'apport d'un retour au local et au proche de soi est multiple. Outre l'identification sociale à un lieu, le principal avantage est écologique. En réduisant la taille des communautés, on limite les déplacements (des gens autant que des denrées) tout en permettant une utilisation plus adaptée des ressources disponibles. Les choix de production pourraient ainsi se faire selon une analyse fine du territoire : on établirait le potentiel d'approvisionnement en énergie renouvelable, en nourriture, en matières premières, etc., de façon démocratique, en tenant compte des possibilités intrinsèques du lieu et de ce qu'il procure à la communauté, sans considérer les facteurs économiques afférant à leur commercialisation. Des petites ressources à bas potentiel et à faible rendement pourraient ainsi être utilisées dans une perspective à long terme. Les communautés pourraient se permettre de prendre le temps de choisir et de développer les techniques de production les plus adaptées à leur contexte propre. Le but étant, finalement, de disposer à proximité du nécessaire pour développer un certain confort matériel, ou des moyens de se le procurer aisément. Des conditions impossibles à remplir dans une logique de rendement et de rentabilité imposée par une administration non impliquée localement.

L'objectif, précisons-le bien, n'est pas d'atteindre l'autarcie. Une telle situation précariserait les régions les moins bien pourvues en ressources naturelles et risquerait d'isoler les différentes communautés au lieu de les fédérer. À l'inverse, il faut développer

5. Voir Janet Biehl, *Le municipalisme libertaire*, Montréal, Écosociété, 1998, p. 100-102.

l'entraide, une grande communication et une interdépendance par l'échange (des ressources matérielles, des connaissances, etc.). Ces éco-communautés devront partager entre elles des structures de grande ampleur, telles certaines fabriques, les hôpitaux, les musées, les instituts de recherche et d'autres infrastructures semblables qui ne nécessitent pas d'être présentes partout. Accueillies à l'intérieur d'une communauté, elles pourraient en servir plusieurs, toujours dans un souci de complémentarité plutôt que de dépendance.

Il faut bien comprendre également qu'il n'est pas question ici de retour aux petits villages campagnards isolés et agricoles. Il faut insister sur ce point. On parle bien de cités modernes, autonomes politiquement, organisées en communes. Ce que dénonce Bookchin, c'est la prolifération de mégapoles, à l'image de cette ville de New York, qu'il a vu s'étendre, et d'autres agglomérations urbaines, gigantesques et chaotiques, coupées du monde naturel et rendues ingérables par les collectivités publiques en raison de leur complexité et de la distance entre les personnes supposées les gérer et le terrain.

Prôner le retour aux communautés et aux villes à échelle plus réduite ne signifie donc pas un retour en arrière ou un abandon du progrès. « Une société orientée vers l'écologie peut être *progressive* et non *régressive*[6] », affirme Bookchin. Elle signifie seulement le retour d'une ville à une échelle humaine, permettant d'y évoluer à pied ou à vélo, d'y croiser des connaissances et d'y satisfaire l'ensemble de ses besoins matériels, culturels et sociaux.

Le discours sur les éco-communautés « à échelle humaine » laisse néanmoins pendante une question importante et polémique qui est celle de la taille de sa population. Bookchin ne s'est pas lancé dans une estimation – qu'il savait hasardeuse – d'un ordre de grandeur chiffré pour la définir. « En tout état de cause », explique-t-il, « l'échelle écologique de telles communautés serait déterminée par le plus petit écosystème capable de faire vivre une population de dimension raisonnable[7]. » La taille idéale serait dans l'abstrait celle qui favorise le mieux l'interaction humaine

---

6. Murray Bookchin, « The Communalist Project », *Harbinger*, vol. 3, nº 1, 2003, p. 27.
7. Murray Bookchin, « Écologie et pensée révolutionnaire », *op. cit.*, p. 166.

sans porter atteinte à l'environnement. Pour illustrer ce concept, Bookchin se réfère souvent à Aristote, pour qui une cité « devait être assez vaste pour que les citoyens puissent y satisfaire l'essentiel de leurs besoins matériels, mais suffisamment réduite pour qu'ils se connaissent entre eux et prennent les décisions politiques dans des discussions ouvertes à la confrontation des opinions individuelles[8] ». Cette question doit en fait se résoudre en fonction du contexte et du milieu naturel dans lesquels ces communautés se trouvent. La taille, les besoins en ressources – et donc indirectement la population – d'une communauté doivent concorder avec les possibilités de l'environnement immédiat. Les capacités naturelles en termes d'espace et de moyens de production doivent servir à trouver un équilibre en fonction d'un lieu donné. Notons quand même que l'économiste Takis Fotopoulos, qui prône un modèle proche de celui de Bookchin, avance le chiffre minimum de 30 000 personnes « pour permettre de satisfaire localement beaucoup, voire la plupart des besoins essentiels[9] ».

L'apport de la décentralisation a été fortement popularisé au travers d'ouvrages tels que *Small is Beautiful* de Schumacher ou le récent mouvement des « Villes en transition » lancé par Rob Hopkins. La tâche paraît néanmoins colossale et l'est de plus en plus. Mais ce processus n'en est pas moins réalisable, même s'il doit nécessairement s'étaler sur plusieurs dizaines années. Ce qui a émergé au cours d'une évolution historique peut voir ce même processus faire le chemin inverse, insiste Bookchin. À condition que ceux qui forment la société décident résolument d'aller en ce sens. Et cela s'avère plus que nécessaire. L'enjeu est bien la résilience, soit d'être le plus à même que possible de satisfaire ses besoins localement et de faire face aux troubles et modifications futurs par ses ressources propres ou la coopération. Une dépendance moindre vis-à-vis de l'extérieur engendre une certaine

8. Murray Bookchin, *Une société à refaire*, *op. cit.*, p. 267 (s'inspirant d'Aristote, *La politique*, VII, 4). Voir aussi sur cette question son article « The concept of Ecotechnologies and Ecocommunities », *in Toward an Ecological Society*, Montréal, Black Rose Books, 1980, p. 102-103. On notera que Platon avançait quant à lui le nombre de 5 040 personnes, en raison de l'avantage mathématique de ce nombre qui compte comme diviseurs l'ensemble des chiffres de 1 à 10 (*Les lois*, V, 737e).
9. Takis Fotopoulos, *Vers une démocratie générale*, Paris, Seuil, 2002, p. 215. Un chiffre également repris par Ebenezer Howard pour ses cités jardins.

assurance dans son propre développement ainsi qu'une stabilité plus grande et, en définitive, une meilleure qualité de vie.

***

Si *Crisis in our Cities* fait peu de bruit à sa sortie, il en va tout autrement d'un article paru peu avant, soit à la fin de l'année 1964. « Écologie et pensée révolutionnaire[10] » fait apparaître pour la première fois le principe fondateur de l'écologie sociale, en ces mots : « Ce n'est pas seulement dans la nature que l'homme a créé des déséquilibres, c'est aussi, et plus fondamentalement, dans sa relation avec son prochain et dans la structure même de la société. Et les déséquilibres qu'il a provoqués dans le monde naturel résultent de ceux qu'il a provoqués dans la société[11]. » En d'autres termes, et comme Bookchin le résumera par la suite, la domination de l'humain sur la nature découle de la domination de l'humain sur l'humain. Un postulat qui prend le contre-pied de l'approche marxiste traditionnelle face à la nature qui considère sa domination, soit le fait pour l'humain de ne plus être entravé dans son action par ses limites et ses contraintes, comme un facteur de libération.

L'expression d'« écologie sociale », que Bookchin emprunte à Erwin A. Gutkind[12], apparaît dans cet article pour la première fois. Une association de termes qui peut surprendre. Après tout, l'écologie est, par excellence, une science *naturelle*, finalement plus intéressée aux grands cycles biologiques qu'aux populations humaines. En la définissant comme sociale, Bookchin place la société humaine et ses membres au centre de la question, rappelant qu'aujourd'hui ce sont eux plus que les grands ensembles naturels qui façonnent la nature et sont responsables de ses transformations – pour le meilleur et pour le pire. Ainsi qu'il l'explique ailleurs :

> Ce qui définit littéralement l'écologie sociale comme « sociale », c'est la reconnaissance du fait souvent laissé-pour-compte que presque

10. Publié pour la première fois au sein de la revue *Comment* sous le pseudonyme de Lewis Herber, avant d'être réédité dans *Post-Scarcity Anarchism*. L'article a été traduit en français dans le recueil *Pour une société écologique*, *op. cit.*
11. Murray Bookchin, « Écologie et pensée révolutionnaire », *op. cit.*, p. 147.
12. À savoir dans son livre *Community and Environment* de 1954.

> tous nos problèmes écologiques du moment proviennent de problèmes sociaux profondément établis. De la même manière, les problèmes écologiques actuels ne peuvent être clairement compris, encore moins résolus, sans traiter avec volonté les problèmes présents à l'intérieur de la société. [...] La manière dont les êtres humains interagissent entre eux en tant qu'êtres sociaux est cruciale pour aborder la crise écologique[13].

Le raisonnement est le suivant: l'être humain a rompu sa relation directe de dépendance avec la nature pour une autre relation basée sur l'exploitation. Ces dysfonctionnements dans sa relation avec la nature sont directement issus du développement de ses propres relations sociales. En conséquence, ce n'est qu'en changeant la société, en modifiant les institutions qui régissent nos façons d'agir et d'interagir entre nous, que le rapport à la nature va changer. Il s'agit donc de remettre en question nos paradigmes de société, leur fonctionnement et leurs règles pour les placer sur d'autres bases que la domination et la compétition. L'écologie sociale cherche donc à créer de nouvelles relations sociales, avec au cœur de celles-ci la solidarité, la coopération et la liberté. Ces valeurs doivent devenir la base même de notre société et de ses institutions[14].

Domination, le mot est posé. La question de la hiérarchie et des dominations prend au sein de l'écologie sociale une place primordiale. Aujourd'hui subi ou infligé à tous les niveaux structurels de notre société, le concept social de domination est global: il s'applique à nous-mêmes, à notre relation avec les autres et vis-à-vis du monde naturel. Un concept devenu omniprésent dans nos sociétés et dirigé contre les femmes, les minorités, les faibles, les « différents », répandant l'esprit hiérarchique dans les entreprises autant que dans les sports, les arts ou les religions. S'inspirant de la tradition anarchiste, l'écologie sociale considère la suppression des hiérarchies et des dominations abusives comme un principe primordial pour libérer l'humanité et prendre le chemin d'une société égalitaire et écologique. C'est

13. Murray Bookchin, « What is Social Ecology ? », *in* M.E. Zimmerman (éd.), *From Animal Rights to Radical Ecology*, Englewood Cliffs, Prentice Hall, 1993, p. 354.
14. Voir Peter Staudenmaier, « Economics in a Social-Ecological Society », *Harbinger*, vol. 3, nº 1, 2003, p. 13.

pour cette raison que l'écologie sociale met toujours l'accent sur la lutte contre les différentes formes de domination plutôt que contre le seul État ou l'autorité – image qui reste une figure réductrice des idéaux anarchistes, mais qui demeure largement répandue aux yeux du grand public. Alors qu'il y aura toujours un gouvernement, la domination demeure dans l'écologie sociale la cause première de laquelle découle l'État centralisé, le capitalisme, les exploitations, l'androcentrisme, etc. Elle est vue comme le véritable point de blocage dont seul le dépassement permettra une reconstruction de nos sociétés selon des lignes plus éthiques, humanistes et écologiques.

Pour avoir mis en perspective ces différentes questions, « Écologie et pensée révolutionnaire » est considéré comme l'article fondateur de la pensée de Bookchin. On y retrouve ses principaux chevaux de bataille, dont la perte de la diversité et l'homogénéisation de l'environnement (ce que Bookchin appelle sa « simplification »), l'opposition à la croissance démographique comme cause unique des problèmes écologiques ou encore le besoin d'« *humaniser* l'humanité », soit retrouver un fonctionnement plus direct, en face à face, permettant la réflexion et la discussion plutôt qu'un modèle bureaucratique et autoritaire. Avec, comme point central, la mise en évidence de la valeur critique offerte par la perspective écologique.

Bookchin y aborde également un autre thème qui lui restera cher, celui des technologies et du développement scientifique. Mais alors que « Écologie et pensée révolutionnaire » parlait de la science comme créatrice de chaînes dorées, un développement qui « apparaît de plus en plus comme un instrument de contrôle des processus mentaux de l'homme et de conditionnement de son être matériel[15] », il s'efforce ensuite de développer l'autre versant du développement scientifique : celui des différentes possibilités offertes par une technologie qui tiendrait compte du social, des *besoins réels* de la société. Dans « Vers une technologie libératrice »[16], paru l'année suivante, Bookchin laisse entrevoir comment la société pourrait utiliser le grand potentiel technologique

15. Murray Bookchin, « Écologie et pensée révolutionnaire », *op. cit.*, p. 141-142.
16. « Toward a Liberatory Technology », *Comment*, nº 2, 1965. Il sera traduit et publié en français une première fois aux éditions Parallèles, en 1974.

développé ces dernières années pour améliorer la condition humaine. Soit l'utiliser comme une aide, plutôt que comme un instrument de lutte contre la nature. Il y aborde également la question des énergies renouvelables, domaine qui n'en était alors qu'à ses débuts. Envisager qu'elles puissent représenter une solution aux problèmes environnementaux était précurseur et ouvrait la voie à des développements nouveaux.

Mais au travers de la technologie, l'article aborde surtout la réalité du travail quotidien qui découle de ses développements. Par son vécu au sein du monde industriel, Bookchin a pu constater l'aide importante apportée par la technologie pour les travailleurs dans ces milieux. Il dénonce donc la vacuité de certaines tâches peu valorisantes et pénibles infligées à l'être humain. La technologie, affirme Bookchin, peut libérer l'humain du labeur physique (symbolisé selon lui par le travail en usine) qui s'oppose à sa nature et à ses capacités. Mais à condition seulement d'en retrouver la maîtrise.

Plaidoyer pour des technologies écologiques et libératrices

> *La question que je pose diffère totalement de celle que suscite d'ordinaire la technologie moderne : celle-ci ouvre-t-elle une nouvelle dimension pour la liberté humaine et pour la libération de l'homme ? Peut-elle non seulement libérer l'homme du besoin et du travail, mais aussi le guider vers une forme de communauté libre, harmonieuse et équilibrée – une écocommunauté qui permettrait le déploiement total de ses potentialités ?*
>
> Murray Bookchin, *Vers une technologie libératrice*

Une opinion largement répandue veut que technologie et écologie s'opposent l'une et l'autre. Ce phénomène s'explique sans peine. Au regard de notre histoire récente, la technologie possède une grande part de responsabilité dans les importantes pollutions, destructions et dégradations occasionnées au sein du monde naturel. Pour cette raison, elle est souvent présentée – conjointement avec l'activité humaine – comme le bouc émissaire des différents problèmes écologiques.

L'écologie sociale a pris le parti de s'écarter de ce schéma, jugé trop réducteur, pour chercher à valoriser et encourager le développement d'une haute technologie permettant aux habitants de cette planète de subvenir à leurs besoins sans porter atteinte à l'environnement de façon irréversible. Mais y parvenir nécessite qu'une large réflexion soit portée, d'une part, sur les besoins technologiques réels et, d'autre part, sur les conséquences de l'application de ces technologies dans les différents secteurs touchés – surtout ceux de l'écologie, de l'économie et du social.

On retrouve dans la pensée de l'écologie sociale des considérations sur la technologie similaires à celles portées sur l'être humain : capable du meilleur comme du pire. Ni bonne ni mauvaise en soi, la technologie ne peut être jugée que par l'usage qui en est fait. C'est-à-dire comment et à quelles fins on la développe et l'utilise. « Ce dont il s'agit ici », précise donc Bookchin, « c'est essentiellement de potentialité. Je ne prétends nullement que la technologie soit nécessairement libératrice ni constamment profitable au développement de l'homme ; pas plus que je ne crois que les machines et la mentalité technologique nous condamnent à être leurs esclaves[17]. »

Idéalement, le rôle des technologies serait de *servir* et non d'*asservir* l'humanité. Soit aider à créer une société plus humaine et non la déshumaniser. Tout l'enjeu social est donc de se réapproprier le développement technologique pour permettre aux machines d'exprimer leur potentiel libérateur – avec, dans un même effort, la nécessité de démocratiser celles-ci pour les rendre maîtrisables par celles et ceux qui les utilisent.

Dans le contexte du début des années 1960, le constat fait par Bookchin est qu'avec le développement industriel, le travail est sorti de ses caractéristiques humaines. Certes, on travaillait plus longtemps auparavant, mais moins intensément. De même, depuis cette époque, on utilise moins la force physique et plus les yeux et les nerfs. La pression, le stress ou encore l'insécurité vis-à-vis de son emploi ont entraîné une véritable dégradation des conditions de travail, dissimulée sous le prétexte illusoire d'une activité moins pénible physiquement et moins longue en terme

17. Murray Bookchin, « Vers une technologie de la liberté », *in Pour une société écologique*, *op. cit.*, p. 80.

d'horaires[18]. De nombreux métiers sont aussi caractérisés par des tâches ingrates, souvent répétitives et non créatrices. Des tâches décrites par Bookchin comme « inutilement pénibles et abrutissantes », mal adaptées à notre condition physique et mentale et mettant parfois même notre santé en danger. Tout particulièrement au vu des exigences actuelles en matière de rendement et de productivité.

Revenir à un travail plus sain et servir l'être humain passerait donc par la suppression ou la réalisation par des machines de tout ce qui est du ressort du travail inutile et inapproprié à nos capacités biologiques. Un développement qui aujourd'hui fait pleinement partie de l'ordre du possible[19]. Si, comme Bookchin en est convaincu, « [l'ordinateur] peut prendre en charge toutes les tâches intellectuelles fastidieuses et dépourvues de créativité[20] », de même l'utilisation d'appareils mécanisés à la place de personnes peut s'appliquer dans la majorité des usines de production avec plus ou moins de difficultés d'adaptation. En accomplissant sans effort, sans fatigue et à grande vitesse les tâches ardues de manutention, les machines disposent d'un fort potentiel dont nous pourrions avantageusement nous servir. L'apport des nouvelles technologies, et de la cybernétique en particulier, plaide dans sa pensée en faveur du développement d'éco-technologies polyvalentes qui, par l'aide fournie à l'être humain, remettraient en question la nature même du travail et engendreraient sa redéfinition.

Les avantages découlant de cette nouvelle répartition du travail seraient multiples. La suppression des tâches pénibles et aliénantes permettrait de développer d'autres secteurs de production plus intéressants et moins exténuants, car plus adaptés à nos

18. Cette dernière affirmation pourrait même d'ailleurs être remise en question avec le phénomène récent de multiplication des heures supplémentaires observé dans plusieurs domaines d'activité.

19. Il s'est déjà largement réalisé en ce qui concerne la mécanisation. Il faut savoir que les secteurs primaire et secondaire, soit ceux de la production et de la transformation, occupent toujours moins de monde. Le travail y est aujourd'hui largement exécuté par des machines. À l'inverse, le secteur tertiaire, regroupant les services, se développe toujours plus. Et une large part de ce qu'il génère n'est pas fondamental pour notre existence.

20. Murray Bookchin, « Vers une technologie libératrice », *in Pour une société écologique*, *op. cit.*, p. 95.

propres facultés, comme par exemple les domaines de l'artisanat et de la manufacture. Si Bookchin prend l'exemple de l'artisanat, c'est parce que ce moyen de production s'oppose au modèle industriel de production de masse développé avec le concept de l'usine. Il incarne un mode de production plus humain, requérant habileté et un lien direct entre le fabricant et l'objet : « L'artisanat, c'est le travail amoureux et non le labeur éreintant. C'est le travail qui éveille la sensibilité, et non celui qui l'abrutit, qui ajoute en dignité à l'humanité, qui ne la dégrade pas. L'artisanat libère le champ de l'esprit, alors que le travail d'aujourd'hui l'avorte[21]. »

La réduction des besoins en personnel serait accompagnée par la suppression des corps de métiers devenus inutiles dans une société rationnelle, notamment ceux qui ne font que servir le modèle économique capitaliste (les domaines touchant le marketing, la Bourse, la finance, etc.) ou la bureaucratie d'État, pour ne citer que ceux-là. Les postes retirés du monde économique auront pour conséquence de libérer une importante force de travail. Plutôt que donner lieu à une concurrence entre les métiers et engendrer du chômage, ou chercher à créer de nouvelles sources de production dont on pourrait se passer, ces hommes et ces femmes se partageraient les autres postes nécessaires à la gestion de la communauté et ne pouvant être automatisés. Grâce à cette redistribution des travailleurs, on pourrait diminuer le temps de travail et augmenter le temps libre. Ce temps libéré permettrait à chacun de jouer un plus grand rôle auprès de sa famille et de participer activement à la vie politique et sociale de sa communauté.

Pour que cet idéal s'accomplisse dans les faits, mécaniser la production et supprimer les emplois pénibles ne suffit pas. La mise sur pied d'une société de haute technologie ne peut donner lieu à une véritable libération qu'à condition que cette société soit elle-même écologique et non dominatrice. Il s'agit là d'une condition impérative pour voir se développer de véritables « écotechnologies », des technologies adaptées à nos sociétés humaines ainsi qu'à l'environnement.

---

21. Murray Bookchin, « Self-Management and New Technology », *in Interrogations sur l'autogestion*, Lyon, Atelier de création libertaire, 1979, p. 70.

Dans sa définition écologique sociale, « [une] éco-technologie est ainsi une technologie morale, une technologie qui rompt fondamentalement avec le gigantisme, le gaspillage et la destruction massive de l'environnement des technologies issues du capitalisme, conçues pour le profit[22] ». À ce titre, l'adaptation des technologies à leur environnement, la polyvalence, la durabilité, la miniaturisation ainsi que la réduction des besoins en énergie doivent devenir ses caractéristiques premières. Le but est de rendre les engins techniques adaptables, faciles à comprendre, à manier et à réparer pour en faciliter la production et l'utilisation. Cela toujours avec l'objectif de décentraliser les moyens de production.

Bookchin croit en la réalisation de tels objectifs en montrant que les chercheurs, depuis les années 1950, améliorent constamment ces différents facteurs. En effet, « [la technologie] est passée du domaine de l'*invention* à celui du *design*, de la découverte fortuite à l'innovation systématique[23] ». Grâce aux avancées technologiques et à la réduction constante de leur taille notamment, Bookchin est alors persuadé que les machines pourront consommer moins de ressources et en nécessiter moins pour être fabriquées. Enfin, avec les différents dispositifs connus de production d'énergie renouvelable et l'augmentation progressive de leur rendement, notre environnement dispose d'assez de moyens pour produire de l'énergie verte afin de les faire fonctionner.

Un lien direct est à établir entre ce débat et la question déjà abordée de la réduction de l'échelle des communautés. La décentralisation s'allie en effet avantageusement à une meilleure utilisation de telles technologies par la possibilité d'une utilisation plus optimale et réfléchie des ressources locales. On sort de la vision industrielle – et, à nouveau, centralisée – de la production qui demande de produire beaucoup en un même endroit pour réduire les coûts et économiser sur l'échelle. Une production caractérisée par son coût financier réduit et sa productivité importante, mais aussi par un rendement souvent faible. Les pertes occasionnées (en matières premières et en énergie) par le traitement en masse et sans soin des ressources, le transport, la

22. Murray Bookchin, « Freedom and Necessity in Nature », *in The Philosophy of Social Ecology*, Montréal, Black Rose Books, 1994 (2e éd.), p. 91.
23. *Ibid.*, p. 89-90.

conservation, etc., y sont en effet très importantes. Produire localement en s'adaptant à son milieu permet en revanche non pas de produire aussi vite et autant, mais bien de produire avec moins de gaspillage et de perte d'énergie, en adoptant pour les ressources une vision à long terme qui favorise leur renouvellement. Et surtout, de produire uniquement en fonction des besoins, un point important sur lequel nous reviendrons.

La mise en place d'une technologie humaine est donc un processus qui va de pair avec la décentralisation. En effet, pour que les éco-technologies dépassent le rôle marginal de *gadgets* – pour reprendre le terme de Bookchin –, il est impératif de dédensifier les villes importantes en les décentralisant. À ce niveau, l'exemple de la production d'énergie est particulièrement éloquent. Les énergies vertes ne peuvent convenir pour alimenter une grande ville en électricité en raison de leur productivité limitée. En revanche, elles peuvent parfaitement s'adapter à une communauté de petite et moyenne tailles, en se combinant les unes aux autres pour tirer profit des divers potentiels d'un lieu. La notion d'intégration au sein de l'environnement est là encore mise en avant : « Si le principe d'"éco-technologie" devait signifier plus que son sens technique, il doit être considéré comme un véritable ensemble, intégré de façon fonctionnelle au sein des communautés humaines en tant que part d'une biosphère partagée entre des personnes et des formes de vie non humaines[24]. » Un choix de société qui permettrait le développement d'une société humaine moderne avancée, douce et agréable, qui se donnerait les moyens d'entrevoir une relation plus harmonieuse et mieux équilibrée avec la nature.

L'enjeu va même plus loin encore. Par l'aide qu'elle peut apporter, la technologie acquiert un potentiel réellement révolutionnaire. Le développement technologique, allié aux puissants moyens de communication et de production actuels, nous permet d'envisager de donner à une révolution sociale une portée mondiale. En soi, le progrès technologique offre les moyens techniques nécessaires au déploiement d'un processus révolutionnaire, soutenable économiquement et capable de se diffuser à grande

24. Murray Bookchin, « The Concept of Ecotechnologies and Ecocommunities », *in Toward an Ecological Society*, *op. cit.*, p. 109.

échelle. En un mot, il *permet* la révolution. Ainsi que l'affirme Bookchin avec passion : « La fonction la plus essentielle de la technologie moderne doit être de maintenir les portes de la révolution ouvertes à jamais[25] ! »

Plusieurs critiques vont cependant se faire entendre – même parmi les écologistes sociaux – par rapport à cette image idyllique du potentiel des technologies. Conscient de l'important progrès scientifique observé depuis le milieu du XXe siècle, progrès qui a offert pour la première fois la possibilité de changer le monde dans son ensemble, Brian Tokar (biologiste proche de Bookchin et actuel directeur de l'Institut d'écologie sociale au Vermont) montre que, malheureusement, les espoirs entretenus par Bookchin ne se sont pas matérialisés :

> Le mythe des ordinateurs libérant les gens du labeur s'est révélé bien éloigné de la réalité. Au lieu d'alléger le fardeau du travail et de libérer les gens pour les voir poursuivre des projets plus créatifs, les ordinateurs et les robots ont rendu la vie dans et en dehors du travail de plus en plus précaire. Les technologies qui auraient pu augmenter la créativité l'ont le plus souvent supprimée. Alors que les machines s'appropriaient une grande part des capacités manuelles et intellectuelles qui faisaient auparavant la fierté des travailleurs, les décisions au sujet de comment les tâches devaient être faites sont toujours plus réservées aux programmeurs et aux managers. Les talents des travailleurs sont devenus obsolètes à une vitesse plus rapide et la formation à de nouvelles capacités est rarement disponible[26].

Le problème est bien là. Effectivement, les développements annoncés dans « Vers une technologie libératrice » se sont bel et bien réalisés, avec les ordinateurs, les tracteurs pour labourer, l'énergie solaire et éolienne, etc. Mais la libération n'a pas eu lieu, car améliorer la technologie sans changer de paradigme politique et économique rend forcément vain tout réel progrès dans ce domaine. Ainsi que l'affirme Bookchin, « [une] technologie libératrice présuppose des institutions libératrices[27] ». L'un

25. Murray Bookchin, « Vers une technologie libératrice », *in Pour une société écologique*, *op. cit*, p. 130.
26. Brian Tokar, *The Green Alternative*, San Pedro, R&E Miles, 1992, p. 92.
27. Murray Bookchin, *The Ecology of Freedom*, Oakland, A.K. Press, 2005 [1982], p. 328.

n'ira pas sans l'autre, car un développement technologique libérateur peut toujours être récupéré par une vision asservissante. Et cela, Bookchin en avait pleinement conscience :

> Sans une interprétation libertaire de ces directions, sans une *conscience* libertaire qui articule la logique de ce nouveau cadre technique, on pourrait bien assister à l'intégration de cette technologie du peuple par une société gestionnaire et technocratique[28].

Optimiste et ambitieux, « Vers une technologie libératrice » aurait aujourd'hui besoin d'être mis à jour. Murray Bookchin a expliqué par la suite combien sa vision de l'époque avait un côté quelque peu naïf[29] : « J'ai fait [dans ce texte] l'inventaire des techniques alternatives existantes. Depuis, j'aurais beaucoup à y ajouter et beaucoup à en retrancher[30] », admettra-t-il quelques années plus tard. Mais, bien que conscient du problème, le théoricien de l'écologie sociale ne perd pas pour autant de vue le potentiel intrinsèque des technologies :

> Les avancées technologiques qui marquent ces derniers siècles ne peuvent être rejetées seulement à cause des dégâts qu'elles ont infligés au monde naturel ainsi qu'à la condition humaine. À présent nous pouvons au moins *choisir* dans quelle sorte de monde nous voulons vivre – nous pouvons choisir de mettre le savoir scientifique et technologique au service de l'humanité de même que de la biosphère[31].

Un choix qui nous revient. Pour pouvoir améliorer la qualité de la vie et assurer un développement éthique, il est impératif de retrouver une mainmise populaire sur la technologie, de renouer le lien entre concepteurs et utilisateurs. Il faut sortir la recherche scientifique et son application industrielle de la logique militaire et/ou commerciale qui domine présentement. S'y opposer même, dira Bookchin, en attendant que l'heure vienne pour utiliser ces développements à bon escient : « je voudrais voir naître aujourd'hui un mouvement anti-technologique qui s'oppose à ces

---

28. Murray Bookchin, « Self-Management and New Technology », *op. cit.*, p. 76.
29. Murray Bookchin, « Un anarchisme pour 1984 », *in Un anarchisme contemporain : Venise 84*, vol. 3 : *L'État et l'anarchie*, Lyon, Atelier de création libertaire, 1985.
30. Murray Bookchin, « Self-Management and New Technology », *op. cit.*, p. 75.
31. Murray Bookchin, « Freedom and Necessity in Nature », *in The Philosophy of Social Ecology*, *op. cit.*, p. 92.

développements en attendant qu'on ait les transformations sociales nécessaires pour que les avancées technologiques puissent être au service de l'amélioration de la nature et de la condition humaine, au lieu de la dégrader[32]. »

Le grand problème aujourd'hui est donc bien la récupération par le système d'éco-technologies qui auraient pu représenter une part de la réponse à la crise écologique. On assiste impuissant au « vert-nissage » des technologies et des industries diverses – qui cache un but avant tout marketing. Pire encore, plusieurs progrès écologiques sont continuellement tus, voire combattus, car ils ont le malheur de s'opposer directement aux intérêts économiques de grandes firmes commerciales. Plutôt que de se libérer et se démocratiser, les savoir-faire tout comme les techniques écologiques et les alternatives offertes par la nature sont trop souvent privatisés ou réglementés (par des droits de copie ou des brevets), de façon à les faire entrer dans le moule du marché et générer des profits. La gratuité de la nature est asservie par un modèle qui se veut universel et refuse qu'on lui échappe.

Il faut donc bien marquer la distinction, souvent floue, entre le développement pour le profit et celui, plus éthique, de progrès écologique ou libérateur. À nouveau, la même technologie peut autant libérer qu'asservir, consommer plus de ressources qu'en préserver. En conséquence, s'assurer que les technologies vertes ne soient pas récupérées par le marché et utilisées sous la même forme industrielle, privatisée, centralisée et hiérarchique que la production moderne constitue sans doute actuellement la lutte la plus importante à mener[33].

Finalement, si l'écologie sociale considère les éco-technologies comme un outil efficace pour susciter la reconfiguration générale de nos sociétés autour de lignes plus sociales, humaines et écologiques, leur potentiel demeure encore bien limité. Pas par des questions de connaissance ou de savoir-faire comme par le passé. Guère par des questions de coûts non plus, bien que cette excuse soit généralement avancée. Mais surtout par une myriade d'inté-

32. Murray Bookchin, interviewé par Mimmo Pucciarelli, « Écologie oui, mais sociale – entretien avec Murray Bookchin », *IRL*, n° 60, mars-avril 1985, p. 20.
33. Murray Bookchin, « Self-Management and New Technology », *op. cit.*, p. 76.

rêts économiques et politiques, qu'il est impératif à présent de chercher à contourner.

***

« Écologie et pensée révolutionnaire » et « Vers une technologie libératrice » sont les textes fondateurs de l'écologie sociale. Ils s'inscrivent directement dans l'émergence du mouvement politique et culturel de la Nouvelle Gauche, dont ils partagent le caractère radical et les idéaux libertaires. Un mouvement principalement issu des campus estudiantins et qui se voulait une alternative au communisme soviétique, dont on entrevoyait les dérives, et à une social-démocratie qui n'apportait aucune rupture avec le modèle existant. Les diverses expressions de ce mouvement vont développer une pensée axée vers l'idéalisme et revendiquer les libertés désormais à la portée de la société moderne. Parmi leurs revendications, on peut citer la fin des discriminations raciales, une réduction du temps de travail, le désarmement nucléaire ou encore la paix mondiale.

L'écologie sociale naît au milieu de ces aspirations populaires. Elle va se trouver nourrie par elles et les alimenter en retour. Diffusé au moment d'une importante convention de Students for a Democratic Society[34] (SDS) en mai 1969, le pamphlet de Bookchin au titre provocateur de « Listen, Marxist[35] ! » (« Écoute, camarade ! », dans sa traduction française), connaît une large diffusion. Quelque 40 000 copies auraient circulé aux États-Unis et en Grande-Bretagne. Rédigé sur un ton rude et direct, le texte dénonce les volontés de récupération du SDS par l'idéologie communiste, notamment via le Progressive Labor Party, mouvement à tendance maoïste et bien organisé, dénoncé par Bookchin dans le texte.

Au travers des pages d'« Écoute, camarade ! », Bookchin décrit, avec virulence, la tendance autoritaire et centralisatrice des groupes communistes. Il opère également un rappel historique des

34. Le SDS était le principal mouvement de la Nouvelle Gauche aux États-Unis. Idéologiquement campé à gauche, mais non communiste, il se démarquait par ses principes radicaux, antimilitaristes et favorables à la démocratie directe.

35. Murray Bookchin, « Listen, Marxist ! », *Anarchos*, 1969. Il s'agit de son premier texte traduit et diffusé en français, en 1972, dans *Anarchisme et non-violence*.

conséquences des choix opérés par Lénine et les bolcheviques après leur prise du pouvoir lors de la révolution d'Octobre, afin de ne pas voir ces erreurs se reproduire dans la situation actuelle. Ses conclusions sont limpides : il faut tourner la page et redéfinir le projet révolutionnaire. « Nous croyons que le marxisme a cessé d'être applicable à notre temps [...]. Nous croyons qu'il est né d'une période de pénurie et qu'il constitue une brillante critique de cette période et particulièrement du capitalisme industriel ; nous pensons qu'une période nouvelle est en train de naître que le marxisme n'avait pas complètement cernée et dont les contours ne furent anticipés que partiellement et de manière biaisée[36]. » Dit plus crûment, ailleurs mais à la même époque : « [...] continuer à ergoter sur l'"économie planifiée" et l'"État socialiste" – notions nées à un stade antérieur du capitalisme et à un stade inférieur du développement technologique – relève du crétinisme sectaire[37]. » Les temps modernes demandent une nouvelle théorie et Bookchin l'entrevoit au sein de la pensée anarchiste.

« Écoute, camarade ! » n'a bien sûr pas empêché la dislocation du SDS. Ce texte arrivait de toute manière trop tard pour cela. L'organisation sera officiellement dissoute quelques mois après la parution de l'article, se scindant en différents groupes. Le texte n'en demeure pas moins intéressant et même symptomatique. On y découvre Bookchin dans son rôle de prédilection, celui de critique et de polémiste. Un style dont on relèvera la forme : offensive, bousculante, même insultante par moments, et qui lui sert aussi, sous forme de contraste, à promouvoir ses propres idéaux[38]. C'est un texte coup de poing, fortement argumenté. L'article préfigure une méthode de discours réutilisée à plusieurs reprises par Bookchin tout au long de son parcours dans ses critiques d'autres mouvements, lui qui savait se faire entendre et

36. Murray Bookchin, « Écoute, camarade ! », *Anarchisme et non-violence*, n° 30, été 1972, p. 9.

37. Murray Bookchin, « Au-delà de la rareté », *in Pour une société écologique*, *op. cit.*, p. 26.

38. Cette promotion finale de l'anarchisme dans le texte a d'ailleurs été jugée comme « bien trop favorable aux anarchistes alors que la réalité est différente », selon l'éditorial du comité d'*Anarchisme et non-violence* qui a diffusé la traduction de ce texte en français. Un décalage entre l'idéal d'une théorie et la réalité des faits qui sera souvent reproché à Bookchin, mais que lui-même revendiquait.

n'était jamais tendre avec ceux qu'il désapprouvait. Et comme l'a très bien exprimé l'écologiste sociale étatsunienne Chaia Heller : « N'oublions pas que Bookchin savait une chose. Pour attirer l'attention de nos jours, il faut parler fort[39]. »

« Écoute, camarade ! », « Écologie et pensée révolutionnaire », « Vers une technologie libératrice », tous ces textes seront rassemblés, avec quelques autres articles, au sein du recueil *Post-Scarcity Anarchism*, publié en 1971. Un ouvrage qui fait largement connaître Bookchin et le consacre comme un théoricien reconnu de l'anarchisme sur la scène internationale.

Les textes réunis dans *Post-Scarcity Anarchism* approfondissent plusieurs aspects déjà abordés dans ses deux ouvrages précédents, en les plaçant cette fois au sein de la tradition libertaire. Bookchin y démontre que le contrôle de la société industrielle moderne échappe aux gens qui la composent et évolue selon une inertie qui lui est propre, sans réelle vision globale ou à long terme. Le constat est que la société ne séduit plus et « apparaît désormais comme une force totalement aliénée, autant qu'aliénante[40] ». Elle asservit au lieu de libérer. Notre modèle institutionnel a atteint ses limites, y déclare Bookchin. Il se montre à présent régressif et oppressif, allant jusqu'à s'opposer à ceux et celles qui le composent, de même qu'à l'ensemble du monde naturel[41]. Pour y faire face, l'accent est mis sur la promotion d'une révolution par le bas dans le but d'instaurer une société écologique à la recherche du bien-être personnel et social.

Derrière les considérations sur les origines de la crise écologique, on y découvre surtout le concept de *post-scarcity* (l'« après rareté », ou « au-delà de la rareté » en français), qu'il présente sous la forme d'une société moderne qui mettrait à profit ses ressources (intellectuelles et matérielles) pour dépasser le stade du manque et de la rareté en ce qui concerne les moyens d'existence. Un plaidoyer pour une prise de conscience du potentiel latent de nos sociétés avancées – capables, si elles le désiraient et œuvraient en ce sens, de garantir pour tous l'accès aux composantes vitales de l'existence. Un tournant qui permettrait le développement

39. Commentaire à « Continuing the Dialogue », posté le 6 avril 2011 sur le blog de l'Institute for Social Ecology.
40. Murray Bookchin, « Au-delà de la rareté », *op. cit.*, p. 28.
41. Murray Bookchin, « Écologie et pensée révolutionnaire », *op. cit.*, p. 154.

d'une vision – utopique certes, mais très concrète – d'une véritable société humaniste et écologique. Les textes de *Post-Scarcity Anarchism* se montrent ainsi porteurs d'une forme de lyrisme où l'utopie côtoie le discours révolutionnaire.

En promouvant cette société d'après-rareté, Bookchin va donc plus loin que la seule suppression du capitalisme et cherche à développer « la question très réelle de quel *genre* de société devrait succéder à l'abolition de l'économie capitaliste[42] ». Un souci qui va servir de trame de fond à l'ensemble des futurs écrits sur l'écologie sociale.

De l'ère du besoin à celle de l'abondance

> *Pour la première fois depuis le fond des âges, ce siècle a porté l'humanité à un niveau de développement technologique qualitativement nouveau, d'où elle peut jeter sur son expérience un regard entièrement neuf.*
> *Notre siècle a fini par déboucher sur la perspective de l'abondance matérielle pour tous, les moyens d'existence étant disponibles en suffisance sans qu'il soit besoin de se tuer chaque jour au travail.*
>
> Murray Bookchin, *Au-delà de la rareté*

Dans l'optique de l'écologie sociale, l'austérité, souvent décriée comme le fameux « retour à la bougie » par les anti-écolos, n'est pas une condition *sine qua non* pour s'accorder avec la nature. Avec son fort développement technologique depuis les années 1950, l'humanité entière se trouve en mesure de subvenir à ses besoins et même d'accéder à un certain confort sans lutter. Selon Bookchin, grâce au développement technologique, nous nous trouvons au seuil d'un tout nouveau paradigme de société, celui d'une société d'abondance. Une position favorable encore jamais atteinte par une civilisation moderne.

« La nature n'est pas pingre, elle est féconde », a souvent répété Murray Bookchin pour convaincre des capacités de celle-ci à nous offrir ses ressources à profusion. À condition de la traiter correctement, la nature est capable de nous offrir de quoi se nourrir, se vêtir, se loger ou encore s'approvisionner en électri-

42. Murray Bookchin, « Reflections: An Overview of the Roots of Social Ecology », *op. cit.*, p. 10.

cité de façon durable. Et cela sans recourir à des méthodes chimiques ou industrielles et sans plus dépendre des aléas climatiques[43]. Pourtant, on continue de présenter les chiffres effarants de la faim dans le monde et des famines chroniques de plusieurs pays pauvres avec fatalité. Peu soulèvent la triste ironie que représente ce maintien de l'humanité dans un seuil de rareté.

Si nous basculions dans l'après-rareté, l'impact serait grand. Utiliser pleinement les ressources offertes par la nature pour mettre volontairement un terme à une économie basée sur le marché de l'offre et la demande – un principe fondé sur la rareté –, en faveur d'une répartition *gratuite* en fonction des besoins donnerait les moyens de redéfinir le sens même de nos existences. Nous sortirions alors de la lutte quotidienne pour la satisfaction de nos besoins vitaux (le travail pour vivre, amenant à vivre pour travailler), pour entrer dans celle d'une jouissance réelle et durable des ressources à notre disposition. Une façon de reconnaître un droit d'accès inaliénable aux moyens d'existence. L'humanité passerait du stade de la survie à celui de la vie elle-même.

Centrale dans cette thématique, la notion de « besoin » demande malgré tout d'être bien comprise et redéfinie. Aujourd'hui, « notre société capitaliste fondée sur le profit, sur la production pour la production et sur la consommation pour la consommation, fausse radicalement notre conception des besoins[44] », constate Bookchin. Ce à quoi il ajoute d'ailleurs que « tout comme la production de biens n'est plus reliée à leur fonction de *valeurs utilitaires*, d'objets d'utilité réelle, les envies ne sont plus reliées au sentiment que l'être humain a de ses besoins réels[45] ». Les « besoins réels », ce sont ceux qui satisfont véritablement nos envies. Mais il faut bien comprendre que la logique commerciale actuelle n'a pas pour but d'assouvir ces besoins-là. Ceux-ci doivent au contraire

43. Les expériences d'agriculture biologique menées par Jack et Nancy Todd ainsi que Bill McLarney au New Alchemy Institute démontrent concrètement l'efficacité de la production agricole avec des méthodes écologiques. Leurs rendements en agriculture biologique ont notamment atteint des niveaux trois fois supérieurs à des agriculteurs de la même région qui utilisaient des produits chimiques et des engrais. Voir Nancy J. Todd, *Ecodesign : des solutions pour la planète,* Montréal, Écosociété, 2007.

44. Murray Bookchin, « La "crise de l'énergie" mythe et réalité », *in Pour une société écologique*, *op. cit.*, p. 205-206.

45. Murray Bookchin, *The Ecology of Freedom, op. cit.*, p. 136.

être attisés, voire même renouvelés, plutôt que satisfaits, et ce, pour amener les gens à acheter les produits de consommation et ainsi faire marcher la machine économique, générer de la croissance économique et du profit.

Pour la mise sur pied d'une société humaine écologique, il est primordial de retrouver une production dédiée à la satisfaction des besoins fondamentaux. Par ceux-ci, il faut comprendre les besoins élémentaires, entre autres physiques (se nourrir, se vêtir, se loger, etc.), mais aussi affectifs et sociaux (créer des liens, partager, aimer, etc.) et enfin les besoins culturels (s'instruire, se divertir, etc.). Quant aux « faux besoins », artificiellement créés, il faudra progressivement s'en libérer. L'ambition est d'épurer la production et l'organisation économique de tout le superflu qu'elle a accumulé depuis des années. Le meilleur exemple en est l'imposante industrie marketing dont le seul but est de pousser à la consommation. Un choix raisonné de ce qui mérite d'être produit et développé réduirait fortement l'attrait de ce qui relève de l'ordre de l'excès, du luxe et de l'inutile pour un retour à l'essentiel, à ce qui a du sens. Un objectif à réaliser autant pour des raisons écologiques que de bien-être personnel. Ces principes, qu'on retrouve aujourd'hui promulgués à grande échelle par le mouvement pour la décroissance, signent l'arrêt définitif du consumérisme. Il en ressortirait une autre vision des biens de consommation et, finalement, de notre propre personne :

> La qualité et la beauté remplaceront l'obsession actuelle de la quantité et de la standardisation, la recherche de la durabilité remplacera celle de l'obsolescence ; au lieu de la valse saisonnière des styles on appréciera les objets que l'on soigne et à travers lesquels on goûte la sensibilité singulière d'un artiste ou d'une génération. Affranchis de la manipulation bureaucratique, les hommes pourront redécouvrir le charme d'une vie matérielle simple, désencombrée, et comprendre à nouveau ce que signifient des objets qui existent *pour* l'homme par opposition avec ces objets qu'on nous impose. Les rites répugnants du marchandage et de l'accumulation céderont devant les actes chargés de sens que sont le faire et le donner. Les choses cesseront d'être les prothèses indispensables au soutien d'un moi misérable et aux relations entre des personnalités avortées ; elles refléteront des individualités autonomes, créatrices, en plein essor[46].

46. Murray Bookchin, « Vers une technologie libératrice », *op. cit.*, p. 134.

Se retrouver « au-delà de la rareté » ne désigne cependant pas seulement un état où les besoins essentiels peuvent être satisfaits. Les répercussions vont bien plus loin. En garantissant la sécurité des moyens d'existence et en supprimant tout l'engrenage psychologique de l'angoisse, artificiellement créée, du manque et de l'envie engendrée par la rareté, on apporte la condition nécessaire au développement d'une société rationnelle, apaisée et non aliénée. Chacun peut alors porter son regard au-delà de ses besoins propres et sortir de cette lutte quotidienne qui conditionne nos relations. Il serait dès lors possible de se concentrer sur son développement personnel et celui de sa communauté. Cette assurance d'assouvir ses besoins vitaux répondrait de fait à la première des deux conditions préalables de la liberté. La seconde étant l'accès direct au pouvoir de décision.

On est dès lors en droit de se poser cette question : pourquoi sommes-nous toujours dans un contexte de rareté ? Les réponses sont relativement complexes, mais certaines pistes peuvent être avancées. On l'a vu au sujet des technologies, celles qui permettraient un tel développement sont généralement incompatibles avec les modes de production industrielle, uniformisée et à grande échelle, qui dominent aujourd'hui ou sont récupérés à des fins commerciales. La logique économique qui prévaut actuellement cherche à tout rendre commercialisable, dirigé par le marché, donc acheté plutôt que mis gracieusement à disposition. Cela dans le but de faire fonctionner la machine économique, censée créer des emplois et assurer par ce biais une meilleure existence – alors qu'en réalité, elle l'entrave.

Sous d'autres points de vue, beaucoup craignent que l'abondance mène au gaspillage et à la surconsommation, ce qui aggraverait en réalité la crise écologique plutôt que d'aider à la résoudre. Une rationalisation des ressources serait dans cette optique plus crédible en soi. De façon intéressante, Bookchin prend le contre-pied de cette croyance répandue en montrant que l'abondance, à l'inverse de la peur de manquer de quelque chose, détourne d'une consommation abusive. Selon lui, elle représente même une des conditions *sine qua non* pour une gestion rationnelle des ressources. En mettant à disposition de tous les produits de consommation recherchés, on « guérit » la personne des aberrations du consumérisme effréné et de l'identification d'un bien possédé à une richesse. L'abondance lierait justement à nouveau la consommation au besoin et à l'envie réelle[47]. Toujours dans l'optique qu'elle serait suivie d'un changement radical de paradigme économique, elle mettrait ainsi fin au gaspillage, à la consommation à outrance (la consommation pour la consommation), à l'accumulation de biens et donc aux dégâts écologiques qui y sont liés. L'assurance de l'accessibilité à un bien quand l'usage s'en fait sentir prendrait le dessus sur le besoin de possession[48].

Ironie de l'histoire, la crise pétrolière, puis financière, qui survient au début des années 1970 va ramener la question de la rareté sur le devant de la scène médiatique, et donc de l'opinion publique, et relèguera presque aux oubliettes les promotions de

47. Il manque des exemples pour pouvoir confirmer ou infirmer la théorie de Bookchin sur ce point. À cette fin, il serait intéressant d'étudier le développement des comportements des utilisateurs d'Internet en termes de consommation de biens culturels (films, musique, littérature, etc.) pour voir si l'accès à un immense réservoir de titres tend plus vers une accumulation ou une sélection véritablement intéressée de ceux-ci. À première vue, après une première tendance qui donnait tort à Bookchin, l'habitude – ou la sûreté – d'avoir ces éléments disponibles à l'envie semble évoluer aujourd'hui non plus vers la possession (téléchargement) mais vers une utilisation directe et éphémère (streaming). Cela reste une interprétation personnelle, le phénomène est d'ailleurs encore trop nouveau pour que l'on puisse porter un jugement objectif. Il va en tout cas de soi que toute profusion issue d'une situation de rareté doit d'abord être « apprivoisée » avant de vraiment révéler ses conséquences. La nouvelle génération, celle qui est née avec Internet, sera un meilleur indicateur du phénomène.

48. Voir l'être humain parvenir à s'autolimiter dans ses envies et besoins représente pour certains une aspiration trop utopique pour pouvoir s'y fier. Takis Fotopoulos a cherché à résoudre ce problème en proposant d'utiliser le fonctionnement démocratique pour trancher sur la définition des besoins et sur la juste répartition des biens et ressources. La différence entre les besoins essentiels et ceux qui ne le sont pas serait ainsi décidée démocratiquement par l'assemblée des membres de la communauté (et trouverait là sa légitimité). Les biens essentiels se verraient distribués à chacun en échange d'un travail minimum, alors que pour l'obtention des biens jugés « non essentiels » ou « complémentaires », il serait demandé de fournir un travail, volontaire, supplémentaire. Une valeur artificielle serait déterminée démocratiquement (selon plusieurs facteurs, dont le rapport entre la demande et les quantités à disposition) pour les biens « non essentiels » afin d'indiquer combien d'heures de travail sont nécessaires pour l'acquisition de tel ou tel bien de consommation. On reste dans une logique visant à offrir à tous le minimum vital (mais avec des quotas) tout en gardant une économie de marché artificielle. Pour une vision détaillée de ces questions, voir Takis Fotopoulos, *Vers une démocratie générale*, *op. cit.*, p. 176-178 et 219-224 ; « The Economic Foundations of an Ecological Society », *Society & Nature*, vol. 1, nº 3, 1993.

l'énergie bon marché, des investissements disponibles et avec eux l'espoir d'un monde ayant résolu le problème de la pauvreté et de la faim. L'utopie des lendemains qui chantent va perdre de sa vitalité au fur et à mesure que se ternissait le temps des Trente Glorieuses et ses promesses. Cela n'empêchera pas Bookchin de continuer à faire référence au concept d'après-rareté dans ses écrits des décennies suivantes, mais de manière moins centrale.

Demeure donc la question de fond : une société d'après-rareté peut-elle se matérialiser concrètement ou est-ce seulement un séduisant idéal ? Avons-nous aujourd'hui les moyens d'offrir à chacun ce qu'il faut pour vivre décemment et libérer l'humain de sa quête perpétuelle de subsistance ? Il est certain que la réponse ne peut être résumée en un oui ou un non. Les éléments à prendre en compte sont infinis et dépendent du contexte de chaque lieu, d'importantes questions logistiques, etc. On peut par contre affirmer que l'abondance résulte d'un équilibre (souple et relativement large), existant mais encore à trouver, entre de nombreux facteurs, dont les capacités de production d'un lieu et de son environnement, les besoins et donc la taille de la population qui y habite, etc. Un retour progressif à une vision et une gestion locale et rationnelle permettrait dans cette optique de s'approcher de cette zone d'équilibre. Le grand problème consiste surtout à revoir nos modes de production, de distribution et de consommation de nos ressources, c'est-à-dire leur *gestion*. Quoi produire ? Pourquoi ? Comment ? Pour qui ? Voilà autant de questions à replacer dans le contexte d'une économie au service des gens et décentralisée.

Dans son discours, Murray Bookchin affirme que ce qu'il manque pour réaliser une société d'après-rareté, ce n'est pas de nouveaux développements, mais la réalisation des possibilités dont dispose déjà la société actuelle. Et c'est bien cette tension provoquée entre ce qu'il est possible de faire et la réalité vécue et apparente – soit la pauvreté, la faim, les crises artificielles subies en raison des humeurs du marché, etc. – qui devient un point de levier puissant en faveur du renversement de la situation actuelle. Par la prise de conscience que cet état, qu'on nous présente comme une fatalité, est en réalité maintenu artificiellement (peut-être plus structurellement que consciemment), on crée un facteur réel de changement et de profonde remise en question. « Un autre monde est possible », scandent les militantes et les militants à travers les frontières. Ils ont raison. Et si ce nouveau monde accepte d'offrir universellement l'accès aux biens de première nécessité, alors il pourrait sonner la fin des dominations psychologiques, économiques et sociales issues d'économies où la rareté régnait encore en maître.

***

Le discours présenté dans les différents textes du recueil *Post-Scarcity Anarchism* séduit, notamment au sein des milieux anarchistes. Les commentaires sur le livre sont positifs. Chroniquant sa sortie au sein du bulletin du Centre international de recherche sur l'anarchisme (CIRA) de Lausanne, Marianne Enckell écrit que « Bookchin a ceci d'intéressant pour le lecteur de langue française qu'il présente des thèmes nouveaux, ou décriés par les révolutionnaires, comme l'écologie et la technologie, dans un sens révolutionnaire et libérateur. [...] L'anarchisme de Bookchin, c'est la réhabilitation du merveilleux; l'utopie, ou la mort[49]. » Beaucoup s'intéressent alors à Bookchin et font sa connaissance. Aux États-Unis, le livre fait de lui un des penseurs en vogue des milieux alternatifs du moment, avec Herbert Marcuse notamment. Il est alors en phase avec un mouvement libertaire qui retrouve un nouveau souffle et se cherchait des idées novatrices.

Cependant, le grand potentiel entrevu dans cette Nouvelle Gauche à la fin des années 1960 n'est pas parvenu à se réaliser pleinement. Le mouvement n'a pas réussi à prendre de l'ampleur, à se donner des bases solides, ni même à sortir des milieux militants et des étudiants politisés. Ne parvenant pas à se solidifier, les courants militants, prolifiques dans les années 1960, vont se désagréger, renaissant occasionnellement pour une cause ou l'autre, mais sans se fédérer derrière un projet de société commun et élaboré. Un constat que Bookchin expose dans son article « Spring Offensives and Summer Vacations », où, prenant surtout l'exemple du mouvement contre la guerre, il regrette qu'il « n'ait

49. Marianne Enckell, « Un renouveau de la théorie », *Bulletin du CIRA*, n° 24, 1972, p. 21.

pas été et n'ait pas envisagé d'être un mouvement social[50] ». Désillusionné, mais se voulant optimiste, Bookchin écrira dix ans plus tard que « la contre-culture des années 1960 n'a jamais "échoué" je dirais, elle est seulement restée incomplète en tant que projet[51] ». Son projet de transformation politique, culturelle et sociale n'a pas dépassé le stade d'idéal.

50. Murray Bookchin (The Anarchos Group), « Spring Offensive and Summer Vacations », *Anarchos*, vol. 4, 1972, p. 54.
51. Murray Bookchin, « A Statement of Purpose », *Comment*, n° 1, janvier 1979.

CHAPITRE IV

Nouveau départ dans le Vermont 1971-1986

LE DÉMEMBREMENT DE LA NOUVELLE GAUCHE à New York sera un événement difficile à vivre pour Bookchin. Elle le pousse, en 1971, à faire ses valises et à quitter la ville à contrecœur pour rejoindre plusieurs de ses anciens compagnons du groupe *Anarchos* partis à Burlington, dans l'État voisin du Vermont.

Avec ce départ de New York, Bookchin quitte aussi son poste d'enseignant à l'Alternative U. Il retrouve néanmoins en 1973 un travail d'enseignant en technologie et écologie au Goddard College, une université alternative et progressiste basée à Plainfield, au Vermont. Un second engagement pour des cours de théories sociales l'amène également au sein des murs de Ramapo College, dans le New Jersey, dès 1974.

Enseigner lui va comme un gant. Aidé par son aisance orale qui lui permet de capter rapidement l'attention de ses auditoires, Bookchin va s'établir dans ce milieu académique alternatif qui lui permet de faire le lien entre son travail et ses propres études. Cette activité d'enseignant prend alors la plus grande partie de son temps. Si Bookchin publie moins durant cette période, il emmagasine beaucoup d'informations pour donner ses cours. Et ces éléments lui serviront plus tard dans ses futurs écrits.

Concernant les publications, il faut malgré tout mentionner la parution en 1974 de *The Limits of the City*, un livre qui poursuit sa réflexion sur le modèle urbain, amorcée au début des années 1960 dans *Crises in our Cities*. L'angle est malgré tout différent. Plus que les questions de santé, Bookchin y aborde plutôt des considérations de gestion. Il critique le gigantisme de nos villes, leur croissance non planifiée et incontrôlée qui en font des monstres urbains ingérables. Devenues des lieux de vie de première importance depuis la Seconde Guerre mondiale, les zones urbanisées se voient transformées par leur extension rapide. En lieu et place d'un accroissement irréfléchi, Bookchin pose la question: « à quoi ressemble donc un environnement urbain complet[1] », c'est-à-dire un environnement permettant d'avoir des gens également « complets » ?

Comme nous l'avons exposé précédemment, les limites supérieures de la cité sont celles qui permettent l'interaction humaine. En les perdant par son extension, la cité a aussi perdu son rôle de centre civique rassembleur, identitaire et éducateur. Elle n'est plus représentée par son corps de citoyens, mais est le lieu de résidence plus ou moins éphémère d'une masse anonyme de personnes sans liens ou presque. Aujourd'hui, la cité a disparu au profit de l'*urbanisme*: « Si le terme de "ville" renvoyait traditionnellement à une entité urbaine clairement définissable, New York, Chicago, Los Angeles – tout comme Paris, Londres, Rome – n'ont de villes que le nom. En réalité, elles représentent d'immenses agglomérations urbaines qui perdent de manière constante toute forme distinctive et toute qualité propre[2]. » Comme le résume Hugh Bartling dans son étude, « les conditions économiques et l'utilisation de l'automobile ont amené la disparition des villes. Elles ont été remplacées par les gigantesques et suffocants tentacules de l'urbanisme. Par conséquent, pour Bookchin, les villes se sont étendues au-delà de leurs limites et prennent le chemin de leur propre autodestruction ou négation[3]. »

---

1. Murray Bookchin, *The Limits of the City*, New York, Harper & Row, 1974, p. 2.
2. *Ibid.*, p. 66.
3. Hugh Bartling, « Murray Bookchin: "Revolutionary Anarchist" of the City », *op. cit.*

Parallèlement à son activité d'essayiste et de professeur, Bookchin s'implique dans plusieurs projets avec ses proches. Après une brève aventure dans la mise sur pied d'un café-restaurant autogéré à Burlington, on le retrouve impliqué dans le mouvement anti-nucléaire, alors en plein essor en Amérique du Nord. Il participe au groupe SHAD (Sound and Hudson against Atomic Development) et plus encore dans la Clamshell Alliance – un groupe de résistance antinucléaire nonviolent connu pour s'être opposé à la construction du réacteur nucléaire de Seabrook, au New Hampshire, en l'occupant en 1977.

Bookchin est revenu plusieurs fois sur sa participation à la Clamshell Alliance, avec une vision critique. Selon lui, le mouvement s'est perdu alors qu'il atteignait « le sommet de son combat » en raison de la « manipulation autoritaire » (à travers le consensus) exercée par une minorité sur la majorité. Il critique surtout le fait que certains de ses leaders aient accepté, selon lui de façon non démocratique, un accord avec la compagnie propriétaire pour mettre fin à l'occupation[4]. Il faut savoir que la Clamshell Alliance avait cette particularité d'être basée (du moins durant les premières années) sur des groupes d'affinité composés d'assemblées collectives pour les prises de décision. Un principe inspiré des *grupos de afinidad* développés en Espagne et déjà vantés par Bookchin dans *Post-Scarcity Anarchism.* Ces groupes représentent une façon d'organiser un mouvement à partir d'une base décentralisée dont Bookchin s'inspire largement dans la formation de son projet politique.

Pour l'écologie sociale, la réalisation la plus importante de cette période reste néanmoins la fondation d'un institut dédié à l'enseignement et à l'expérimentation de ses idées. Encouragé à aller dans cette direction par Daniel Chodorkoff, un de ses étudiants au Goddard College, Bookchin va cofonder avec lui l'Institute for Social Ecology (ISE), une école de pensée radicale, théorique et pratique. L'ISE va dès lors progressivement rassembler autour de lui un certain nombre d'étudiants, de chercheurs

4. Murray Bookchin, « Social Anarchism or Lifestyle Anarchism : An Unbridgeable Chasm », *in Social Anarchism or Lifestyle Anarchism*, Oakland, A.K. Press, 1995, p. 17-18 ; Brian Tokar, « Social Ecology and Social Movements – from the 1960s to the Present », *Harbinger*, vol. 3, n° 1, printemps 2003.

et d'enseignants des États-Unis, mais également du reste du monde. Il devient un centre symbolique et important de développement et de réalisation de l'écologie sociale. Les gens y viennent pour s'instruire sur l'écologie, la pensée radicale, l'anarchisme, le communautarisme, le féminisme et tout un ensemble d'autres disciplines en lien avec l'écologie sociale au travers de cours théoriques et de travaux pratiques.

Il est intéressant de s'arrêter un moment sur le programme des cours dispensés à l'ISE. Le lieu servait surtout de structure d'enseignement, dispensant plusieurs semaines de cours durant l'été. Dès 1996, l'Institut délivre même des diplômes universitaires, en association avec d'autres établissements d'enseignement supérieur[5]. Il a notamment accueilli le premier cours d'écoféminisme à la fin des années 1970. L'établissement devient aussi un véritable centre de recherche et d'expérimentation dans l'agriculture écologique et les énergies renouvelables. Le terrain avoisinant la ferme des débuts verra d'ailleurs fleurir « des immeubles solaires, des mares à poissons, des moulins à vent et des formes nouvelles d'agriculture organique ou biologique[6] ». Son troisième volet principal concerne le militantisme, avec un engagement sur divers fronts : contre le nucléaire, les biotechnologies, pour les droits des Autochtones, etc. Il aura également une participation active aux premières heures du mouvement altermondialiste.

Pour l'écologie sociale, l'Institut a surtout permis de réunir passablement de gens autour des idées de Bookchin. De nombreuses personnes, dont les apports à l'écologie sociale sont cités dans cet ouvrage, comme Dan Chodorkoff, Janet Biehl, Chaia Heller, Damian White, Peter Staudenmaier, Brian Tokar ou encore John Clark, se rattacheront le plus souvent au mouvement à travers l'ISE. Par leurs travaux théoriques et leurs expériences sur le terrain, les professeurs et étudiants de passage à l'ISE

---

5. À présent, la formation à l'écologie sociale est dispensée entièrement au Prescott College, en Arizona, bien qu'en association avec l'ISE. Il existe aussi une formation de doctorat établie à Londres, à l'Université de Roehampton, depuis 2009.
6. Murray Bookchin, interviewé par Mimmo Pucciarelli, « Écologie oui, mais sociale », *op. cit.*, p. 17.

œuvreront passablement pour développer le mouvement et ses idées. Ancien étudiant du centre, Damian White témoigne :

> Le plus souvent, l'ISE attirait des étudiants et un corps enseignant brillants. Regroupant des universitaires et des artistes, des activistes communautaires, des poètes, des architectes et des designers, j'ai trouvé marquant et impressionnant comment tous cherchaient à lier écologie avec justice sociale, des visions de changement avec une joie de vivre positive[7].

Si son impact reste aujourd'hui difficile à mesurer, l'ISE a pour le moins joui d'une certaine réputation dans le milieu du militantisme radical. Il fut un des rares lieux institutionnels du genre à connaître une grande longévité. Dans les années 1980, il demeurait ainsi l'un des derniers « flambeaux du radicalisme » encore en activité[8].

Mais la longévité de l'ISE ne fut pas synonyme de stabilité et l'Institut a souvent dû déménager dans la région, allant de Cate Farm près de Goddard College (de 1975 à 1981) pour ensuite être rattaché à Goddard College même (1981-1996), avant d'adopter finalement le terrain de Maple Hill (1996-2006)[9]. Ce dernier lieu ayant été vendu, l'ISE n'existe plus aujourd'hui qu'en tant qu'institution formelle, ses archives ayant été accueillies par Dan Chodorkoff sur son propre terrain. Depuis 2007, ses principales activités demeurent l'organisation ponctuelle de cours et de conférences, ainsi qu'un colloque international annuel sur l'écologie sociale[10].

---

7. Damian White, *Bookchin : A Critical Appraisal*, *op. cit.*, p. XV.
8. John Clark, interviewé dans Mimmo Pucciarelli et Laurent Patry, *L'anarchisme en personne*, Lyon, Atelier de création libertaire, 2006, p. 240. Pour les détails sur l'implication de l'ISE dans les mouvements sociaux depuis sa création, voir Brian Tokar, « Social Ecology and Social Movement », *op. cit.*
9. Voir Michael Caplan *et al.*, « Education and Community Action – A History of the Institute for Social Ecology's Programs », *Harbinger*, vol. 3, nº 1, printemps 2003.
10. À noter que l'ISE n'est pas le seul centre gravitant autour de l'écologie sociale. Alors que l'ISE fermait ses portes, plusieurs de ses anciens membres ont ouvert un autre institut basé sur un fonctionnement similaire sur l'île de Vashon, près de Seattle. La Social Ecology Education and Demonstration School (SEEDS – voir le site Internet <www.socialecologyvashon.org>) propose ainsi des cours et des expérimentations autour des thèmes de l'écologie sociale. Deux autres centres d'instruction sont aussi liés à cette pensée : le Centre latino-américain d'écologie sociale (CLAES - site officiel : <www.ambiental.net>), situé à Montevideo, en Uruguay, et le Centre d'écologie urbaine de Montréal

Revenant sur cette décennie et ces différentes expériences, Bookchin publie en 1980 un nouveau recueil d'articles, *Toward an Ecological Society*. C'est en quelque sorte la suite logique de *Post-Scarcity Anarchism* et il rassemble l'ensemble de ses textes les plus importants parus dans les années 1970. On y retrouve les thèmes de l'écologie (« Pour une société écologique », « Lettre ouverte au mouvement écologiste »), de la technologie (« Énergie, "écotechnocratie" et écologie », « The Concept of Ecotechnologies and Ecocommunities », « Self-Management and New Technology »), de l'urbanisation et des cités (« The Myth of City Planning », « Toward a Vision of the Urban Future ») et une critique du marxisme (« Marxism as Bourgeois Sociology », « On Neo-Marxism, Bureaucracy, and the Body Politic »). Chaque thématique est reprise de façon plus développée, répondant aux critiques soulevées par ses précédents articles tout en cherchant à aller plus loin et les mettre au goût du jour.

Si *Post-Scarcity Anarchism* était clairement marqué du sceau rouge et noir de l'anarchisme, *Toward an Ecological Society* se teinte plus intensément du vert de l'écologie. Une écologie qui, dès la fin des années 1960, cherche à se différencier des mouvements écologistes traditionnels, basés principalement sur le principe de préservation et conservation de la nature. On assiste ainsi à l'émergence du concept d'« écologie radicale ». Un mouvement qui se définit comme une nouvelle tendance au sein du courant écologiste.

Le développement d'une écologie radicale

L'écologie radicale peut être considérée comme une branche du mouvement écologiste émergeant dans les années 1970. Une époque où l'écologie commence à sortir de sa position marginale pour gagner toujours plus de poids dans les consciences. Un phénomène qui s'est renforcé durant les décennies suivantes en raison de plusieurs événements à grande portée symbolique. On cite généralement en premier lieu la conquête spatiale, qui

(CEUM – site officiel: <www.urbanecology.net>). On citera enfin le nouvel Institut transnational d'écologie sociale (TRISE – site officiel: <www.trise.org>) qui a été inauguré début 2013, mais qui n'a pour le moment que le statut d'association.

procure les premières photos de notre planète, avec ses brumes et ses pollutions, mais qui amène aussi la prise de conscience de ce qui nous unit: la Terre, planète unique que nous partageons. Vont suivre plus tard des événements plus tragiques, comme l'accident de Tchernobyl, le trou dans la couche d'ozone et, plus récemment encore, la fonte des glaciers. Par leur impact sur les consciences, tous ces événements et phénomènes de résonance mondiale ont largement contribué à hisser l'écologie au premier plan des discussions internationales, entraînant l'émergence des mouvements Verts partout dans le monde. Un monde toujours plus *mondialisé*, qui prend conscience que les décisions et les actes importants, ainsi que leurs répercussions sur l'environnement, concernent l'humanité entière.

Dans ce contexte, l'écologie radicale va se développer autour du principe que l'être humain doit préserver la planète et ceux qui l'habitent, et que ce devoir doit se refléter concrètement dans son mode de vie et ses institutions. Des revendications caractérisées par une volonté d'aller plus loin, de réagir de façon « radicale » justement (mais dans le sens premier du terme, c'est à dire en profondeur, à la racine) aux problèmes de société, soit revoir nos institutions et notre mode de vie dans leur globalité. Et ce dans le but d'offrir une meilleure qualité de vie à chacun, conscient que le paradigme de société actuel ne peut répondre à ces attentes.

On n'a pas tout de suite parlé d'« écologie radicale » pour rassembler les différents courants qui promouvaient de tels principes. Le terme est d'ailleurs lui-même peu utilisé. En revanche, plusieurs appellations ont émergé pour différencier cette tendance d'un courant plus modéré. Lors d'une conférence donnée en 1971, Bookchin a opéré dans son discours une distinction entre ce qu'il nommait l'*environnementalisme* et l'écologie sociale, texte qu'il publiera sous le titre de « Spontanéité et organisation »[11]. Pour Bookchin, l'environnementalisme représente les mouvements Verts qui tentent de résoudre les problèmes environnementaux en gardant le paradigme de société actuel, soit sans remettre

11. Murray Bookchin, « Spontanéité et organisation ». Le texte est publié en 1972 au sein des pages d'*Anarchos*. Il sera traduit et publié en français dans le recueil *Pour une société écologique*, *op. cit.*

en question la croissance, la consommation et notre relation à la nature : « Ce qui intéresse l'environnementalisme, c'est la mise au service de l'homme de son "habitat", celui-ci étant conçu comme un ensemble passif de "ressources naturelles" et de "ressources humaines" que les gens *utilisent*[12]. » Ce mouvement demeure dans un système hiérarchique et capitaliste tout en essayant de réduire la pollution et l'épuisement des ressources par diverses réformes ciblées. En d'autres termes, et selon le père de l'écologie sociale, il s'agit de conserver un système inadapté, destructeur, et tâcher seulement d'en gommer les défauts.

Une distinction dans l'ère du temps, car l'année suivante, le philosophe norvégien Arne Næss va, dans une démarche parallèle, présenter les différences qui existent entre une écologie dite superficielle (*shallow*), et une écologie plus profonde (*deep*)[13] – terme qui sera retenu pour caractériser le mouvement de la *deep ecology* (« écologie profonde » en français) dont il est le principal théoricien. Avec cette appellation, Næss marquait une même intention de se distinguer des écologistes dits « superficiels », plus réformistes également, qui ne cherchent pas à connaître les causes premières des destructions environnementales et ne se posent pas ces questions dites « profondes ».

Ces façons de diviser les mouvements écologistes – et il en existe d'autres –, sans être parfaitement similaires, vont clairement dans le même sens. L'idée reste la même : il existe un mouvement modéré et un mouvement radical, avec entre eux des différences non négligeables[14].

Le concept d'écologie radicale – qu'on retrouve surtout développé aux États-Unis – se déclinera sous plusieurs formes. Ces divers courants évolueront parfois parallèlement, parfois en interaction. Outre l'écologie sociale et l'écologie profonde, on retrouve également à cette époque un troisième mouvement important, soit l'écoféminisme. Et chacun de ces trois mouvements va aborder la question du changement de la société vers

12. *Ibid.*, p. 70.
13. Arne Næss, « The Shallow and the Deep Long Range Ecology Movement. A summary », *Inquiry*, n° 16, 1973, initialement prononcé en conférence à Bucarest en septembre 1972.
14. Voir à ce sujet l'étude de Romain Felli, *Les deux âmes de l'écologie*, Paris, L'Harmattan, 2008.

des lignes plus écologiques sous un angle précis, dont il est pertinent d'offrir un aperçu. D'autres mouvements seraient à intégrer dans la description de l'écologie radicale, mais leur pensée ne sera pas abordée ici, car leur influence dans le développement de l'écologie sociale est moins grande.

Si on résume ses principes dans les grandes lignes, on note que l'écologie profonde considère comme centrale la question du biocentrisme – c'est-à-dire la prise en considération des droits de la nature et de l'égalité entre espèces. Avec comme principe phare la non-supériorité de l'être humain sur quelque membre que ce soit au sein de la biosphère[15]. Ainsi, la *deep ecology* cherche à modifier la société et les institutions par la prise en compte de l'ensemble des éléments qui forment notre biosphère (qu'ils représentent ou non des êtres vivants). Il y a derrière cette philosophie une volonté de symbiose, de ne faire qu'un avec la nature, et ce, afin d'éviter l'indifférence et l'exploitation du monde naturel vivant. Pour Arne Næss, développer une véritable identification au monde naturel génère une plus grande empathie et pousse à changer nos façons d'agir envers lui : « Plus grande est notre compréhension de notre unité avec les autres êtres, plus grande est l'identification et plus grand sera le soin que nous prendrons[16]. » Cette identification à un Tout, le « penser à l'échelle globale », est considérée comme le vecteur permettant le développement nécessaire d'une conscience écologique, seule capable d'apporter les changements culturels et sociaux nécessaires pour résoudre la crise environnementale. En corollaire à ce principe, on retrouve l'idée d'amener l'être humain à vivre en produisant le moins d'impact possible sur la planète et de préserver des espaces de nature sauvage inviolés.

15. Voir le chapitre « Le biocentrisme et l'humain ». Le lecteur intéressé par le sujet peut consulter les ouvrages suivants : Bill Devall et George Sessions, *Deep Ecology – Living as if Nature Mattered*, Salt Lake City, Peregrine Smith Books, 1985 ; George Sessions, *Deep Ecology for the 21st Century* : *Readings on the Philosophy and Practice of the New Environmentalism*, Boston, Shambala Publications, 1995 ; Warwick Fox, *Toward a Transpersonal Ecology*, New York, New York State University Press, 1995. Deux des rares ouvrages traduits en français sur ce mouvement sont : Arne Næss, *Écologie, communauté et style de vie*, Paris, Éditions MF, 2008 ; et Arne Næss et David Rothenberg, *Vers l'écologie profonde*, Marseille, Wildproject, 2009.

16. Arne Næss, *Ecology, Community and Lifestyle : Outline of an Ecosophy*, Cambridge, Cambridge University Press, 1989, p. 175.

Quant à l'écoféminisme, il revendique l'inclusion des questions de genre au sein des réflexions écologiques – et inversement. Son but n'est pas la seule libération des femmes, mais la réalisation de relations plus justes pour l'ensemble de la vie humaine et non humaine. À cette fin, le mouvement œuvre notamment contre le patriarcat et l'androcentrisme (soit une pensée centrée sur la perspective masculine et ne tenant compte que de celle-ci) ainsi que pour la prise en compte, sans connotation de valeurs ni hiérarchie aucune, de la pensée féminine et du point de vue de la nature. On y voit un lien proche avec l'écologie sociale par cet intérêt placé sur les questions de relations sociales et de domination. L'écoféminisme insiste en revanche davantage sur les liens existant entre domination des femmes et domination de la nature ainsi que sur la nécessité de les identifier dans le but d'y mettre fin conjointement. À la base, il y a cette réflexion que les femmes, tout autant que la nature, ont été dominées et exploitées. Elles ont été vues comme une ressource à la disposition de l'homme – ressource productive ou reproductive –, jouant un rôle ni rémunéré ni pris en compte. Alors que les écologistes se sont efforcés de montrer que l'évolution de notre société industrielle et de notre culture s'est faite à l'encontre de la nature, les écoféministes rappellent que les femmes font également partie des laissées-pour-compte.

Plutôt que de ne retenir que le concept global de domination, les écoféministes ont cherché à décrire les problèmes écologiques sous la forme d'une multitude de questions imbriquées les unes dans les autres. Pour résoudre ces questions et les différents problèmes qui en résultent, il est impératif de voir comment elles s'articulent et à quoi elles sont liées. Cela se concrétise entre autres par la volonté marquée d'inclure les différents modes de pensée (du Nord, du Sud, des femmes, etc.)[17].

Avec le développement récent et l'institutionnalisation du terme « développement durable » et sa récupération par le politique et le marketing, la démarcation d'un courant radical de

17. Parmi les ouvrages de référence, on peut citer Maria Mies et Vandana Shiva, *Écoféminisme*, Paris, L'Harmattan, 1998 ; Mary Mellor, *Feminism & Ecology*, New York, New York University Press, 1997 ; Karen J. Warren, *Ecofeminism Philosophy: A Western Perspective on What it Is and Why it Matters*, Lanham, Rowman & Littlefield, 2000.

l'écologie a d'ailleurs gardé tout son sens. On en trouve de plus en plus de manifestations dans les milieux libertaires, chez les déçus du manque d'ambition dans les revendications des partis écologistes et, enfin, chez tous ceux et celles qui cherchent à aller plus loin que l'encouragement au recyclage ou ne croient plus au développement d'une solution technologique miracle. À noter cependant que peu cherchent une expression ouvertement politique. De même, contrairement aux trois mouvements susmentionnés, peu ont placé la nature au centre de la réflexion sur laquelle modeler le reste de sa pensée. La thématique environnementale s'étant développée partout, elle semble aussi s'être diluée par le fait même.

***

Pour Bookchin, la fin des années 1970 annonce le temps de la retraite. En 1981, à l'âge de 60 ans, il met fin à ses engagements au sein des établissements de Goddard et Ramapo. Seules ses heures d'enseignement à l'ISE sont maintenues. Il les conservera aussi longtemps que son état de santé le lui permettra.

Cette sortie de la vie professionnelle marque à l'inverse l'apogée de sa carrière d'essayiste et de théoricien. L'année qui suit sa retraite paraît *The Ecology of Freedom* (1982), un livre sur lequel Bookchin travaillait depuis une dizaine d'années et qui développe et rassemble, pour la première fois, l'ensemble de ses réflexions sur l'écologie sociale en une publication structurée. L'ouvrage marque en quelque sorte la concrétisation de l'ensemble de ses années de recherche.

The Ecology of Freedom retrace en premier lieu l'émergence de la hiérarchie au cours de l'évolution des sociétés humaines, et ce, sous une perspective historique et anthropologique. Il met en évidence les premières expressions de hiérarchie au sein de communautés primitives (jusque-là en relation dite « organique », soit coopérative et égalitaire sur le plan social[18]), instituant un clivage

18. « Par "sociétés organiques", j'entends des formes d'organisation dans lesquelles la communauté est unie par des liens de parenté et par une communauté d'intérêts en ce qui concerne les moyens d'existence. Ces sociétés organiques ne sont pas scindées en classes et en bureaucraties exploiteuses telles qu'on les observe dans la société hiérarchique. » (Murray Bookchin, « Au-delà de la rareté », *in Pour une société écologique*, *op. cit.*, p. 41.)

social et institutionnalisé entre les plus jeunes et les plus vieux, puis comment ce phénomène se développe par la suite sur différents fronts : domination, par la peur, des chamanes, reprise plus tard dans les cités par la classe des prêtres avec l'essor des monothéismes ; domination de l'homme sur la femme ; développement des logiques de clans, et enfin des classes sociales.

Bookchin explique que nos sociétés sont issues de ce paradigme de domination, intégré socialement et psychologiquement dans notre manière de vivre. Cet héritage a rendu nos sociétés modernes hiérarchisées selon ce mode de pensée. Pour s'y opposer, il est nécessaire de créer une nouvelle culture et d'« essayer d'extirper l'orientation hiérarchique de nos psychés ». Soit développer une culture libérée de la domination. Car la liberté aussi possède son histoire, mais celle-ci a été obscurcie et doit être retrouvée. Cet esprit de liberté doit à présent se développer au sein d'une société écologique, basée sur « l'usufruit, la complémentarité et l'apport du minimum irréductible » et nécessitant « la dissolution du pouvoir de l'État, de l'autorité et de la souveraineté en faveur d'une forme inviolée de prise de responsabilité (*empowerment*) personnelle[19] ».

Le travail intellectuel fourni par Bookchin dans ce livre apporte de nombreuses pistes de développement. Aujourd'hui encore, *The Ecology of Freedom* est reconnu comme son ouvrage majeur, ayant influencé bon nombre de militants, écologistes comme libertaires ou féministes. Il reçoit plusieurs critiques également, notamment sur la partie anthropologique où les interprétations que Bookchin utilise pour légitimer les racines de la domination au sein des sociétés pré-littéraires sont remises en question[20]. Il est vrai que, à travers une sélection d'exemples parlants, Bookchin universalise son propos et ne prend peut-être pas assez de précautions dans sa démarche. Ses détracteurs lui reprocheront la simplification d'éléments complexes, utilisés pour prouver jusqu'aux sources de l'histoire comment la domination entre humains a précédé la domination de la nature. À la frontière entre l'écrit scientifique et militant, ses affirmations se

19. Murray Bookchin, *The Ecology of Freedom*, *op. cit.*, p. 439-440.
20. Lire à ce sujet Alan P. Rudy, « Ecology and Anthropology in the Work of Murray Bookchin », *in* Andrew Light (éd.), *Social Ecology After Bookchin*, New York, Guilford Press, 1998.

veulent convaincantes, mais auraient mérité d'être soumises à une investigation plus minutieuse, au vu des incertitudes qui planent sur nos connaissances à ce sujet[21].

Au-delà de cela, *The Ecology of Freedom* est un ouvrage très largement salué. Si de nombreux thèmes, tels que l'après-rareté ou les principes d'une technologie libératrice s'y retrouvent inclus, d'autres éléments viennent s'ajouter dans le giron théorique de l'écologie sociale, notamment une large réflexion sur le développement d'une éthique objective. Cela aboutira à la mise sur pied du principe philosophique du naturalisme dialectique (voir l'annexe 2).

On y retrouve aussi la proposition d'une économie morale. Dans ses recherches, Bookchin n'a en effet pas éludé la nécessaire remise en question du modèle économique actuel. Dans la perspective présente d'une économie d'après-rareté où les biens sont disponibles, en quantité suffisante pour tous, le jeu de l'offre et de la demande, devenu obsolète, est maintenu artificiellement. Bookchin plaide donc pour une gestion différente de l'économie, hors du système de marché. Un principe qui sera développé dans son article « Market Economy or Moral Economy ? », publié en 1986. Un plaidoyer pour la sortie de l'économie de marché et le développement d'un autre système de gestion, dédié à l'assouvissement des besoins sans qu'interviennent des notions de coûts ou de profits.

Sortir de l'économie de marché

> *Quand le travail devient une activité créative, quand la production devient l'harmonisation des potentiels humains et écologiques, quand l'économie devient une autodétermination collective et le déploiement conscient de possibilités sociales, naturelles et éthiques pas encore imaginées, alors nous aurons atteint une société libérée, et les idées esquissées ici prendront forme concrète en tant que réalités vécues et expériences directes.*
>
> Peter STAUDENMAIER,
> « Economics in a Social-Ecological Society »

21. Pour une réponse à ces critiques, voir Andy Price, *Recovering Bookchin - Social Ecology and the Crises of Our Time*, Porsgrunn, New Compass Press, 2012.

L'écologie sociale a questionné le système économique dominant dans son lien avec la crise écologique et systémique actuelle. Elle reprend tout d'abord à son compte la critique classique de gauche, montrant qu'une des causes des problèmes écologiques est inhérente à l'économie de marché, par sa façon de pousser à la consommation et de produire pour produire, c'est-à-dire, comme on l'a vu, de produire pour servir l'économie, plutôt qu'en fonction des besoins réels. Une caractéristique qui se traduit par une utilisation massive et non raisonnée des ressources et par une concentration du pouvoir politique et économique au travers de leur contrôle. Il faut mettre cette dimension en évidence : le système est *conçu* pour l'accumulation de biens. Celle-ci constitue le moteur qui alimente le « besoin » de croissance économique.

Seulement, on constate aujourd'hui que, avec le temps, « capitalisme » est devenu synonyme d'« économie ». On ne conçoit plus d'autres systèmes économiques et, aux yeux de la majorité, le modèle actuel apparaît désormais naturel, pour ne pas dire évident. L'écologie sociale a insisté sur le fait que cette économie de marché s'est transformée en une *société* de marché. Le mode de fonctionnement capitaliste s'est implanté profondément dans nos vies, de nos villes jusqu'à nos campagnes, du monde du travail jusqu'à la sphère culturelle, sociale et personnelle. Et ce à un point tel qu'il est pour ainsi dire impossible d'en sortir aujourd'hui. Lui résister est devenu si ardu que bon nombre de personnes sont forcées de s'y conformer alors qu'elles souhaiteraient s'y opposer. Nous sommes imprégnés par une société de consommation devenue si impérieuse qu'elle nous entraîne et nous dirige, plutôt que l'inverse. Le choix ne nous est pas offert ; nous sommes *pris* dans le système.

Pour en sortir, notre système économique doit être repensé dans ses fondements. L'alternative proposée par l'écologie sociale se présente comme un modèle économique géré collectivement par les citoyens, au travers d'une approche méthodique recoupant les besoins et les capacités de la nature. Il n'est plus question de concurrence ni de marché, mais bien de lier la production aux besoins par une économie de *gestion*. C'est-à-dire une économie basée sur la redistribution des ressources disponibles, en fonction des besoins et des capacités de renouvellement de celles-ci. Une façon d'assurer que chacun obtienne de quoi vivre décemment en toutes circonstances, sans tenir compte de sa capacité financière. Ainsi, au contraire de l'économie de marché qui est « *intrinsèquement* instable[22] » – il s'agit d'ailleurs du revers de la médaille de son dynamisme –, une économie de gestion permet d'assurer qu'aucun aléa du marché n'entravera l'approvisionnement et l'acquisition des ressources vitales.

Une telle économie se baserait sur trois principes primordiaux : elle se montrerait morale, décentralisée et gérée démocratiquement. Par économie morale, l'écologie sociale entend une économie vouée au fonctionnement de la société et qui aurait pour but premier d'apporter à chacun selon ses besoins[23]. Il s'agit d'une économie où « prix, ressources, intérêts personnels et coûts ne jouent aucun rôle [...]. Les services et les provisions sont disponibles pour répondre aux besoins, sans "comptabiliser" ce qui est pris et donné[24]. » Le rôle de l'économie consiste alors essentiellement à redistribuer les ressources offertes par la nature de façon équitable en fonction des besoins de la communauté. On voit ici le lien direct avec la société d'abondance décrite précédemment : il y a dans la nature assez de ressources disponibles pour chacun. À condition d'opter pour une utilisation raisonnée et équitable plutôt que pour leur privatisation et leur commercialisation.

Le principe d'« économie morale » ne s'arrête pas là. Cela signifie aussi une recherche d'interdépendance avec la nature, ce qu'on pourrait traduire par produire en fonction des ressources et de leur renouvellement tout autant que chercher les moyens de production qui ne portent pas atteinte de façon importante ou irréversible à la nature. C'est aussi privilégier la qualité sur la quantité, concevoir dans une perspective à long terme, s'assurer de ce qu'il advient des déchets, etc. Enfin, c'est encore chercher la résistance, les possibilités de réparation et la durabilité des biens produits, en tenant compte de la simplicité d'utilisation et des critères esthétiques. Autant de critères aujourd'hui mis de

---

22. Murray Bookchin, « Reflections : An Overview of the Roots of Social Ecology », *op. cit.*, p. 9.
23. On retrouve ici bien entendu la maxime empruntée au socialisme : « De chacun selon ses capacités, à chacun selon ses besoins ».
24. Murray Bookchin, « Market Economy or Moral Economy ? », *op. cit.*, p. 92.

côté car jugés contre-productifs, en raison d'un coût initial généralement plus élevé et surtout parce qu'ils n'incitent pas à la consommation répétée.

Bien entendu, la notion de « morale » dans l'économie peut faire sourire. Comme le dit très bien Bookchin : « Des maximes comme "les affaires sont les affaires" nous disent explicitement que les facteurs éthiques, religieux, psychologiques et émotionnels n'ont absolument aucune place dans le monde impersonnel de la production, du profit et de la croissance[25]. » Ce à quoi il ajoute ailleurs que : « Le soin, la responsabilité et l'obligation, nous dit-on, sont des concepts "idéologiques" qui n'ont pas leur place dans une conception économique prétendument scientifique[26]. » À l'opposé de cette pensée, l'écologie sociale estime qu'il est vital de réhumaniser l'économie et de la remettre en contact avec son rôle de gestion et de redistribution de la production.

C'est donc bien d'un changement de fond dans les mentalités et les buts de la production dont il est ici question. Une réflexion doit être menée en amont de la chaîne, et guidée non pas seulement par la demande ou les perspectives de profits. En ce sens, les choix quant à ce qui doit être produit devraient se décider collectivement afin que chaque fabrique, usine ou entreprise ait un rôle clair à jouer au sein de la communauté dont elle relève. En d'autres termes, elles doivent s'y intégrer, déterminer leur raison d'être en son sein.

On voit que pour développer une telle économie de gestion, le politique doit retrouver la mainmise sur l'économie. Cela nous amène aux deuxième et troisième aspects voulus pour cette économie de gestion : sa décentralisation et sa réappropriation par les citoyennes et citoyens. Deux éléments qui vont de pair. Le secteur économique doit nécessairement être contrôlé, de façon transparente, démocratique et à l'échelle locale, par les gens qui y participent et en dépendent. Cela demande que les principaux moyens d'approvisionnement soient municipalisés, en même temps d'ailleurs que doivent s'opérer la municipalisation des institutions politiques et la décentralisation générale de la société.

25. Murray Bookchin, « What is Social Ecology ? », *in* M.E. Zimmerman (éd.), *From Animal Rights to Radical Ecology*, *op. cit.*, p. 368.
26. Murray Bookchin, « Market Economy or Moral Economy ? », *op. cit.*, p. 89.

Les terres et les usines se verraient ainsi soumises au contrôle de l'ensemble des citoyens et la production de biens se déciderait en commun en fonction des besoins de la commune. Des mesures qui sous-entendent, entre autres, un abandon de la propriété privée pour ce dont dépend l'ensemble du corps de citoyens (bâtiments, terres, usines, etc.) en faveur d'une propriété partagée, détenue par l'ensemble de la municipalité[27].

Chaque infrastructure économique serait ainsi dirigée à sa propre échelle. Les employés des usines, commerces et entreprises assureraient le fonctionnement interne, dont la production et la supervision du travail. Quant aux aspects plus globaux (approvisionnement en ressources, utilisation des biens produits, orientations générales, etc.), ils seraient décidés démocratiquement lors d'assemblées populaires regroupant les citoyennes et citoyens du lieu concerné. Faut-il y voir la fin de la libre entreprise ? Pas tout à fait, mais il s'agit clairement d'un droit de contrôle démocratique sur celle-ci. Chacun reste libre de développer ses services ou son commerce de sa propre initiative, mais son activité et sa production sont tributaires de l'acceptation de la communauté, dans la mesure où l'entreprise a une influence sur elle ou sur ses ressources. Une forme de droit de regard et de veto démocratique, en d'autres termes, qui s'appliquerait selon des modalités et des valeurs que la communauté définirait elle-même. Ainsi pour l'écologie sociale, que ce soit dans la sphère politique ou économique, toute personne concernée par une action détient le droit de se prononcer sur celle-ci.

Pour que le système fonctionne, l'historien et membre associé de l'Institute for Social Ecology Peter Staudenmaier souligne que les structures économiques municipalisées doivent devenir conscientes, transparentes, modifiables et intégrées au sein du contexte global de la municipalité :

> *Conscient :* Nous voulons que les mécanismes économiques soient délibérément choisis et délibérément structurés, de façon à ce qu'ils réalisent les buts que nous leur donnons collectivement, plutôt que des structures économiques nous forçant à accomplir leurs desseins.
> *Transparent :* Nous voulons que chaque membre de la société soit capable de comprendre comment fonctionnent les mécanismes

27. Murray Bookchin, « What is Social Ecology ? », *op. cit.*, p. 372.

économiques de la société. *Modifiable:* Nous voulons être capables de changer notre structure économique en fonction des besoins écologiques et sociaux. Enfin, nous voulons que les mécanismes économiques soient intelligiblement *intégrés* avec tous les autres aspects de l'autogestion communale[28].

On retrouve ici la volonté d'un système où tous s'impliquent collectivement, c'est-à-dire où chacun comprend, choisit et décide pour les affaires qui le concernent et auxquelles il participe.

Décentraliser l'économie marque aussi le souhait de renouer le lien entre producteurs/vendeurs et acheteurs/consommateurs. Actuellement, la personne qui vend les biens de consommation n'est plus, sauf rares exceptions, celle qui les a produits. On a le plus souvent affaire à des employés chargés de s'occuper des aspects financiers et administratifs: vente, gestion des stocks et divers services auprès de la clientèle principalement. Dans bien des cas, presque plus rien ne lie le vendeur aux articles mis en vente, ni au consommateur d'ailleurs. Impossible dans ces conditions d'être conseillé par la personne directement impliquée dans la fabrication. Le produit devient impersonnel, standardisé. Sa qualité n'est pas garantie, pas plus que son contenu. On fait face à l'absence physique et à la méconnaissance même des personnes responsables de son élaboration.

Cet aspect social clé renforce la nécessité de remplacer les représentants d'une marque ou d'une chaîne commerciale par les gens responsables donc concernés par les biens qu'ils proposent aux autres. Il y a derrière cette question un souci de transparence. Le vendeur doit répondre de ses produits face à celui qui l'achète, dans la mesure du possible en face-à-face. On se trouve à l'opposé du fait de déléguer la promotion d'un produit à un emballage ou à une publicité étudiée pour susciter le besoin. Tout commerçant doit pouvoir parler en détails de ce qu'il vend, dire comment cela a été fabriqué, avec quoi, etc., et ce, afin que l'acheteur sache exactement et avec confiance si ce qu'il achète répond à ses besoins.

Si de nos jours le consensus sur la non-viabilité du modèle économique néolibéral et de l'économie de marché s'élargit,

28. Peter Staudenmaier, « Economics in a Social-Ecological Society », *op. cit.*, p. 12. [Accentué dans l'original.]

l'écologie sociale veut démontrer qu'une simple réforme du capitalisme, via l'instauration de limites, ne peut en aucune manière résoudre les crises qu'il engendre. Le problème est inhérent au paradigme lui-même. Pour en sortir, Bookchin prône la résistance. Il faut faire face à ce système, ne plus se trouver dirigé par lui, ne plus se laisser dicter ses normes et encore moins ses besoins, mais chercher à reprendre le contrôle sur ceux-ci. Il est capital de résister aux sirènes de la consommation, d'exiger l'accès aux biens de première nécessité, à la qualité, de donner du sens à la production et à la consommation. Le système économique doit retrouver un contact étroit avec la réalité, notamment écologique et sociale, qu'il régit. Ici également, un nombre important d'actions individuelles et collectives peuvent nous mettre progressivement sur la voie d'une économie décentralisée et municipalisée. Mais la mise en place d'une véritable économie de gestion écologique et morale ne peut espérer aboutir que si elle est menée de façon conjointe avec à la clé un changement social et politique important.

CHAPITRE V

Une retraite active : entre polémiques et la formation d'un mouvement international 1987-2006

L'IMPORTANT DÉVELOPPEMENT THÉORIQUE qu'acquiert l'écologie sociale avec la publication de *The Ecology of Freedom* témoigne qu'un certain palier a été atteint dans son évolution. Ses bases théoriques sont alors clairement posées et elle occupe une place non négligeable aux États-Unis au sein des mouvements écologistes émergents.

Cette popularité amène son lot de soutiens, notamment par les rassemblements et les rencontres que l'ISE a favorisés. L'écologie sociale va dès lors s'étendre, devenir une famille politique et non plus seulement un courant d'idées. Plusieurs publications sur l'écologie sociale vont naître, signées sous d'autres noms que celui de Bookchin. On citera notamment le recueil *Renewing the Earth, The Promise of Social Ecology : A Celebration of the Work of Murray Bookchin* (1990) qui rassemble diverses personnalités du mouvement alternatif autour des idées de Murray Bookchin (dont les anarchistes John Ely et Karl Hess, ou encore Nancy et John Todd, membres fondateurs du New Alchemy Institute – et plus tard Ocean Arks International). Un ouvrage édité par John Clark, alors membre du corps professoral de l'ISE et proche collaborateur de Bookchin.

C'est aussi à cette époque que Janet Biehl rencontre Murray Bookchin. Venue étudier à l'ISE en 1986, Janet Biehl suivra les cours de Bookchin à Burlington et deviendra assez vite sa plus proche collaboratrice, son éditrice, sa correctrice, mais aussi sa compagne et son plus grand soutien jusqu'à la fin de sa vie :

> J'ai collaboré avec lui pour ainsi dire du moment où j'ai déménagé à Burlington. Plus ou moins dès 1990, j'ai corrigé et vérifié chaque chose qu'il a écrite en vue d'une publication : ses essais, ses articles, ses livres. Je m'occupais de sa correspondance, renforçant les liens vis-à-vis de ses admirateurs, en particulier avec l'Europe. Dans quelques cas, j'ai fait des traductions pour lui. Quand ses forces ont décliné avec l'âge, mon rôle dans l'écriture de ses livres s'est accru : j'étais chercheuse et parfois même sa plume (comme il l'a indiqué, par exemple, dans la préface de *Third Revolution*, vol. 2)[1].

Janet Biehl va jouer un rôle important dans la diffusion de l'écologie sociale. En tant qu'éditrice d'abord, avec son travail sur les publications de Bookchin – un travail de style et de clarté nécessaire qui aida à la compréhension de ses idées. Mais aussi en tant qu'auteure, avec ses propres publications, dont *Rethinking Ecofeminist Politics* (1991), *Le municipalisme libertaire* (1998) et *The Murray Bookchin Reader* (1999). Ce dernier ouvrage en particulier est symbolique de son apport : en rédigeant sa biographie, en colligeant les meilleurs passages de ses différents livres et en les rassemblant par thèmes, Janet Biehl a su apporter à l'écologie sociale une clarté que la somme que représente *The Ecology of Freedom* et sa relative complexité ne pouvaient rendre. En lui dédiant *The Philosophy of Social Ecology* (« la plus chère des compagnes, la collègue la plus proche »), Bookchin lui-même ne se trompe pas sur le rôle important qu'elle a tenu dans les travaux de la dernière partie de sa vie.

Janet Biehl va aussi rapidement prendre une part très active à la publication de *Green Perspectives* (qui deviendra *Left Green Perspectives* en 1998). Lancé en 1986, ce bulletin d'informations devient la publication « officielle » de l'écologie sociale. Il aura d'ailleurs une longue durée de vie, et ne cessera de paraître qu'en

1. Correspondance personnelle avec l'auteur, 28 novembre 2012.

l'an 2000[2]. Distribué principalement aux partisans, ce périodique servait d'espace d'expression, ouvert à des articles théoriques, et présentait l'actualité de l'écologie sociale ainsi que les différentes réalisations des militants à travers le monde. C'est dans *Green Perspectives* que Bookchin (ainsi que Biehl et quelques autres) publiera en premier lieu la plupart de ses articles à partir de cette période, avant souvent qu'ils ne trouvent une seconde vie dans l'un ou l'autre journal de la gauche radicale.

Malgré ces différents développements, on retiendra surtout de ces années les critiques qui ont émergé et ont touché l'écologie sociale. Sa reconnaissance acquise au sein du mouvement d'écologie politique aux États-Unis rend dès lors inévitable sa comparaison et sa critique avec d'autres courants de pensée. Un peu comme si l'écologie sociale avait achevé son travail de définition nécessaire pour développer son identité et s'orientait dorénavant davantage vers l'extérieur, vers les autres et en relation avec ceux-ci. Il ne s'agit pas d'un véritable tournant dans la définition de l'écologie sociale – cette dimension critique a pour ainsi dire toujours existé dans les écrits de Bookchin – mais cela en est un pour son histoire, de par les répercussions engendrées sur son image.

On retrouve plusieurs grandes étapes dans ce processus. Le premier grand débat amènera Bookchin et les partisans de l'écologie sociale à prendre largement position contre des écrits d'écologistes profonds (ou se réclamant de cette philosophie). On est alors dans un contexte de grand développement de l'écologie profonde. Dans les années 1980, à la suite de l'important travail effectué par les Étatsuniens Bill Devall et George Sessions, qui popularisèrent les écrits d'Arne Næss, les principes de l'écologie profonde deviennent très populaires aux États-Unis. En quelques années, le mouvement va connaître un formidable essor, de pair

2. On peut citer comme autres revues issues et dédiées à l'écologie sociale : *Comment: New perspectives in Libertarian Thought*, publiée par Bookchin entre 1979 et 1983 ; *Harbinger*, réalisée par l'ISE (avec plusieurs numéros dans les années 1980 et deux nouvelles éditions, en 2001 et 2003) ; et le récent *Communalism*, publication scandinave anglophone qui a connu une quinzaine de numéros sous forme principalement de bulletins numériques (2002-2008) puis deux éditions papier en magazine entre 2009 et 2010. On constate que, une fois rassemblées, ces différentes publications se suivent presque de façon continue sur 30 ans.

avec une grande médiatisation. La *deep ecology* va dès lors incarner auprès du grand public l'écologie radicale dans son ensemble.

Cette popularité suscite néanmoins une large critique de ses principes. Dès le milieu des années 1980, l'écologie sociale, l'écoféminisme et la *deep ecology* vont voir leurs théories confrontées les unes aux autres dans le cadre d'un débat à large échelle qui a marqué le mouvement écologiste étatsunien par son ampleur. Il faut bien comprendre qu'on est alors au moment de la mise sur pied aux États-Unis des partis politiques Verts qui, dès le milieu des années 1980, suivent l'exemple amorcé par les *Grünen* allemands. À travers cet élan, on retrouve la volonté de créer une nouvelle politique, partant de la base et promouvant une autre société. Surtout composés à l'origine de petits comités disséminés à l'intérieur des États, les Verts des États-Unis vont chercher à se fédérer dans les années 1990 en un parti national qui prendra le nom de Greens/Green Party USA. Quand le débat s'amorce à la fin des années 1980 entre les diverses tendances de l'écologie radicale, le mouvement Vert dans son ensemble est donc en pleine effervescence, avec la construction d'un programme commun, la définition de ce nouveau parti, ses premières actions politiques, etc. Un moment clé qui a amené son lot de controverses internes et d'enjeux divers, notamment sur les stratégies à adopter dans le jeu politique.

L'écologie sociale va se retrouver activement impliquée dans cette période faste, avec un engagement dans des confrontations de points de vue qui l'obligeront à défendre ses positions et à en critiquer pas mal d'autres. Pas toujours avec succès pour ce qui est de la prise en compte de ses critiques, comme on le verra, mais malgré tout avec un résultat non négligeable.

Dans ce contexte particulier, le débat entre la *deep ecology*, l'écoféminisme et l'écologie sociale va s'étendre sur une dizaine d'années, soit jusqu'au milieu des années 1990, si on se fie au nombre de publications. Comme un feu ayant bien brûlé, il va ensuite diminuer et s'apaiser – à mesure que les mouvements d'écologie radicale perdent eux-mêmes de leur vivacité, à l'instar du monde militant en général depuis la chute du mur de Berlin – mais sans connaître de fin véritable.

L'écologie radicale en débat

Tout va commencer par la critique des diverses tendances spirituelles et ésotériques alors émergentes aux États-Unis, en particulier sur la côte ouest. De façon caractéristique, plusieurs courants qui se développent, dès les années 1960 et au-delà, rompent avec la logique athée et très antireligieuse issue des idéologies de gauche, anarchistes et marxistes. On assiste à l'émergence d'une nouvelle vision, qu'on pourrait appeler *culturelle*, de l'écologie et du militantisme, portée par la volonté de réenchanter la nature pour la protéger et la sauvegarder. À la promotion d'une nouvelle spiritualité se mêle une certaine remise en question de la notion de progrès, du développement des sciences et des technologies, avec pour certains la promotion d'un retour à la terre et la mise en valeur des modes de vie primitifs et autochtones.

On observe parmi ces tendances la mise en avant d'une nouvelle religion associant la nature à la femme (pour sortir du modèle patriarcal et de domination des femmes que l'on retrouve dans le modèle chrétien), ou la volonté d'une nouvelle expression et l'intégration de la sensibilité et du ressenti dans nos modes de vie. Une façon de s'identifier davantage au monde naturel afin de reprendre conscience que l'être humain ne représente qu'une partie, non prédominante, d'un tout.

Athée et partisan du rationnel, Bookchin voyait d'un très mauvais œil l'attrait suscité par ces idées, pour différentes raisons. Il y avait, d'une part, la volonté d'éviter la création d'une nouvelle domination, religieuse, plutôt que de s'en libérer et, d'autre part, les risques de débordements vers des tendances extrémistes. Trop d'exemples de fanatisme et de fascination aveugle pour le surnaturel et le religieux ont existé pour ne pas passer sous silence la montée de telles tendances. Enfin, pour Bookchin les théoriciens écologistes empruntant cette voie risquaient de détourner les militants des enjeux et revendications politiques fondamentaux :

> [...] il est très important que nous empêchions le mouvement écologiste de dégrader [le concept de spiritualité] en croyance, en une forme vulgaire de culte atavique de la nature peuplé de dieux, de déesses et finalement d'une hiérarchie nouvelle de prêtres et de

prêtresses. Les gens qui croient que la solution est de créer une nouvelle « religion verte » ou de raviver les croyances en des dieux, des déesses ou des lutins des bois, dissimulent sous un mysticisme le besoin de changement social. Cette tendance marquée chez les écologistes profonds, les écoféministes et Verts New Age me préoccupe[3].

Y décelant une menace pour la formation d'un mouvement écologiste cohérent aux États-Unis, Bookchin s'est opposé avec virulence à ces tendances, partant en croisade contre elles en leur opposant une écologie fondée sur la raison.

Ouvertement attachée à la tradition des Lumières, l'écologie sociale a intégré au cœur de son corpus théorique la volonté de créer une société *rationnelle*, terminologie adoptée par Bookchin dès ses premiers écrits dans *Contemporary Issues*. Sous la plume de Bookchin, le terme de société écologique se voit ainsi souvent remplacé par celui de société rationnelle (et de plus en plus à partir du milieu des années 1980). La raison invoquée est que le qualificatif de *rationnel* intègre dans sa définition les considérations écologiques tout en y apportant une notion d'éthique, de raisonnement et de mesure – et cela « sans tomber dans le mysticisme et d'autres formes du surnaturel[4] ».

L'écologie sociale ne proscrit pourtant pas toute croyance spirituelle en tant que telle. Elle demande néanmoins, explicitement, de restreindre ses manifestations à la seule sphère privée. Personne ne devrait prendre le raccourci de recourir à une religion ou à un dieu pour le guider au niveau institutionnel et pour conforter l'acceptation de ce qui fait la structure de sa société. Une société libérée doit trouver en elle-même ses réponses, dans ses fondements objectifs, et non dans des croyances généralement laissées floues et subjectives dans leurs interprétations.

Au travers de son plaidoyer pour un retour central de la raison au sein de la société, Bookchin cherche surtout à contrecarrer la dépréciation de l'être humain qui a généralement découlé des vues éco-spirituelles. Ce sera le thème phare de son ouvrage *Re-enchanting Humanity*, paru en 1995. Dans l'analyse qu'il y

3. Murray Bookchin et Dave Foreman, *Quelle écologie radicale?*, *op. cit.*, p. 45-46.
4. Janet Biehl, *The Murray Bookchin Reader*, Montréal, Black Rose Books, 1999, p. 226.

fait, le renforcement de l'extrahumain, par la spiritualité et l'attrait de la nature sauvage, a engendré en contrepartie une critique de l'espèce humaine, vue comme destructrice et dénoncée comme responsable de la crise écologique. Des vues qui, formulées ainsi, nient selon lui les véritables causes premières et sociales des problèmes écologiques.

S'il s'est beaucoup impliqué personnellement sur ces questions, Murray Bookchin était loin d'être seul dans son combat. D'autres acteurs de l'écologie sociale ont aussi réagi publiquement, dont Janet Biehl et Chaia Heller, avec respectivement leurs ouvrages *Rethinking Ecofeminist Politics* et *Désir, nature et société*, ainsi que plusieurs articles. Un appel au rationnel qui demeure un des principes phares de l'écologie sociale aujourd'hui.

Cette critique de la montée des tendances non rationnelles par l'écologie sociale va rapidement se cristalliser autour des idées de la *deep ecology*[5]. Et c'est autour des principes de cette dernière que le débat qui opposera les trois principaux mouvements de l'écologie radicale aux États-Unis se tiendra. Un débat alimenté par publications interposées qui vont se répondre les unes aux autres.

On désigne généralement comme étant la première salve l'article de l'écoféministe Ariel Salleh, intitulé « Deeper than Deep Ecology » et paru dans *Environmental Ethics* en 1984[6]. Son titre illustre bien une des premières questions soulevées dans le débat : l'écologie profonde est-elle aussi « profonde » qu'elle le prétend ? Va-t-elle vraiment à la source des problèmes ? Car pour Salleh, « à la lumière du radicalisme plus profond qu'offre une analyse écoféministe utilisant la théorie de la différence, la *deep*

5. Notons que Arne Næss, sans jamais avoir nié les racines « religieuses » de l'écologie profonde, n'a pas manqué de préciser face au développement de ces tendances qu'il n'existait pas de lien direct entre le corpus de base de l'écologie profonde et le mysticisme écologique. Il reconnaît à la spiritualité un rôle personnel à jouer, par exemple comme source de motivation, mais sans s'aventurer au-delà. Voir Arne Næss, « The Deep Ecology "8 points" revisited », *in* George Sessions, *Deep Ecology for the 21st Century*, Boston, Shambala Publications, p. 216. Voir aussi Andrew Light, « Deep socialism ? : An interview with Arne Næss », *Capitalism, Nature, Socialism*, vol. 8, nº 1, 1997, p. 80.
6. Ariel Salleh, « Deeper than Deep Ecology : The Eco-feminist Connection », *Environmental Ethics*, vol. 6, nº 4, 1984. Il s'agit de la mise par écrit d'une conférence prononcée l'année précédente.

ecology elle-même paraît superficielle et réformiste[7] ». Au-delà des questions de forme et de choix des termes dans les écrits de la *deep ecology*, les arguments soulevés dans cet article (et qui se montreront récurrents par la suite) sont liés au fait que ce mouvement ne tient pas compte des distinctions de genre dans son approche, ni des aspects sociaux des problèmes. L'écologie profonde reste, selon Salleh, finalement très académique et ancrée dans le paradigme actuel dans les mesures, floues, qu'elle propose. Lancé sur cette problématique, le débat sera prolifique et s'étalera comme on l'a dit sur presque dix ans.

Murray Bookchin va y entrer de plain-pied en 1987. Ainsi qu'il le déclare, « jusqu'en 1987, je n'avais absolument aucune raison d'avoir de l'hostilité envers un quelconque penseur ou militant important de l'écologie profonde[8] ».

Que s'est-il donc passé cette année-là ? L'étincelle qui a allumé le feu a été la publication par l'écologiste profond Bill Devall, l'année précédente, d'un entretien avec Dave Foreman, un des membres fondateurs du groupe Earth First ![9]. Parlant « pour lui-même, pas pour Earth First ! », Foreman y tient des propos simplistes et non acceptables (ce qu'il finira d'ailleurs par admettre) sur l'immigration latino-américaine aux États-Unis ainsi qu'au sujet de la famine en Éthiopie :

> Quand je dis aux gens que la pire chose que nous pouvions faire en Éthiopie était de donner de l'aide, la meilleure étant de laisser la nature trouver son propre équilibre, de laisser simplement les gens là-bas mourir de faim [...], ils pensent que c'est monstrueux. Mais l'alternative, c'est d'aller sauver ces enfants à demi-morts qui ne

7. Ariel Salleh, « The Ecofeminism/Deep Ecology Debate : A Reply to Patriarchal Reason », *Environmental Ethics*, vol. 14, nº 3, 1992, p. 203.
8. Murray Bookchin et Dave Foreman, *Quelle écologie radicale ?*, *op. cit.*, p. 119.
9. Earth First ! est un groupe d'activistes fondé au tout début des années 1980 avec pour slogan : « Pas de compromis pour la sauvegarde de notre Terre ». Earth First ! met en pratique l'action directe et parfois violente contre toute tentative d'atteinte et de destruction du monde sauvage. On comprend bien sa philosophie à travers les mots de Dave Foreman : « Je ne crois plus qu'on puisse réformer le système. Je crois qu'il faut lui mettre des bâtons dans les roues. » (Murray Bookchin et Dave Foreman, *Quelle écologie radicale ?*, *op. cit.*, p. 54.) Bien qu'aucun lien officiel n'existe entre Earth First ! et la *deep ecology*, notons que la plupart de ses membres se revendiquaient de l'écologie profonde à cette époque.

vivront jamais une vie entière. Leur développement sera arrêté. Et ce qui va se passer dans une dizaine d'années, c'est que deux fois plus de gens souffriront et mourront[10].

Plus tard, dans les lignes du journal d'Earth First !, Christopher Manes, derrière le pseudonyme cynique de « Miss Ann Thropy », écrivait dans un plaidoyer en faveur d'une réduction de la population : « Pour paraphraser Voltaire : si l'épidémie de Sida n'existait pas, les environnementalistes radicaux devraient en inventer une. » Le virus ayant selon lui « l'avantage », entre autres, de ne toucher que les êtres humains[11]. À ces exemples mis en exergue par Bookchin, il faut encore ajouter les « À bas les êtres humains » et autres slogans du même acabit apparemment lancés par certains militants du groupe lors de réunions[12].

L'étonnante absence de toute critique ou condamnation de ces propos par les ténors de la *deep ecology* a été dénoncée comme un signe de consentement à leur égard. Ainsi que le rapporte Bookchin, « Devall, qui apparemment enregistre ces paroles d'or [de Foreman], ne dit pas un mot de protestation et ne le contredit pas. Il n'y a pas non plus de dénonciation connue, pour autant que je le sache, de Sessions[13]. » Un reproche qui s'adresse également à Arne Næss, qui ne s'est que discrètement impliqué au sein du débat généré autour de la *deep ecology*. Un débat d'ailleurs confiné au milieu universitaire anglo-saxon. Les réactions et dénégations « officielles » de ces propos par l'écologie profonde viendront malgré tout, mais bien des mois plus tard et sous une forme plutôt légère[14]. Les partisans de la *deep ecology* ont de

---

10. Propos parus dans le magazine australien *Simple Living*, vol. 2, nº 12, 1986, p. 2-4.
11. Miss Ann Thropy [pseud.], « Population and AIDS », *Earth First!*, vol. 7, nº 5, mai 1987, p. 32.
12. Murray Bookchin et Dave Foreman, *Quelle écologie radicale ?*, *op. cit.*, p. 66 ; Murray Bookchin, *Une société à refaire*, *op. cit.*, p. 20-22.
13. Murray Bookchin, « The Crisis in the Ecology Movement », *Green Perspectives*, nº 6, 1988.
14. Huit ans plus tard, on peut lire sous la plume de George Sessions : « [...] certains activistes d'Earth First ! ont malheureusement fait des remarques *apparaissant* comme misanthropes qui sont antithétiques avec la philosophie de la *deep ecology*. » (*Deep Ecology for the 21st Century,* préface p. XIII, c'est moi qui souligne). Warwick Fox s'accorde avec Bookchin sur sa critique de Foreman, mais insiste aussi sur le fait que ces propos sont ceux d'Earth First !, voire de Foreman uniquement, et qu'ils ne peuvent être attribués à la *deep*

façon très nette bien plus réagi aux critiques de Bookchin qu'aux commentaires de Foreman ou de « Miss Ann Thropy ».

Ce que va faire Bookchin, c'est s'élever publiquement à l'encontre de ces propos lors du premier grand rassemblement national des Verts étatsuniens en juin 1987, à Amherst dans le Massachusetts[15]. Lors de son discours d'ouverture, il lancera ce que des commentateurs qualifieront d'« attaque foudroyante[16] » contre certains propos de la *deep ecology* et ceux tenus par Earth First ! en particulier. Une façon de s'opposer de façon frontale et virulente – jugée d'ailleurs excessive par beaucoup – à ces tendances au sein des Verts et forcer le débat sur ces questions.

Ses arguments, Bookchin les publie dans son fameux article « Social Ecology versus Deep Ecology : A Challenge for the Green Movement » (paru en 1987 dans *Green Perspectives*). On y trouve une large critique des composantes environnementalistes, mystiques, primitivistes et néo-malthusiennes du mouvement écologiste. Autant de courants qui, pour Bookchin, éludent la cause institutionnelle et sociale de la crise écologique et ne peuvent donc qu'y répondre superficiellement. Bon nombre d'arguments de la *deep ecology* y sont également pris en défaut, et, tout particulièrement, l'utilisation généralisée dans les écrits de l'écologie profonde de propos vagues, de concepts généraux et peu définis ni analysés en profondeur, notamment dans sa définition du biocentrisme et dans ses prises de position contre la population. « Cela semble être l'un des traits les plus malheureux de l'écologie profonde[17] », affirme Bookchin. En effet, le mouvement se légitimait d'éviter une trop grande précision afin de laisser à chacun une liberté d'adaptation et d'interprétation personnelle. Les premiers écrits en émanant se contentaient de donner des lignes directrices, un cadre théorique général, sans

---

ecology (Warwick Fox, « The Deep Ecology-Ecofeminism Debate and its Parallels », *Environmental Ethics*, vol. 11, n° 1, 1989, p. 20-21).

15. Le rassemblement avait pour thème « Building the Green Movement : A National Conference for a New Politics ». Pour plus d'informations à ce sujet et sur les controverses qui y ont eu lieu, voir Howard Hawkins, « North American Greens Come of Age », *Society & Nature*, vol. 1, n° 3, 1993.
16. Howard Hawkins, « North American Greens Come of Age », *op. cit.*, p. 207-208.
17. Murray Bookchin et Dave Foreman, *Quelle écologie radicale ?*, *op. cit.*, p. 123.

chercher à aller au-delà. Une attitude qui vaudra au mouvement le qualificatif par Bookchin de « chose vague, indéfinie, souvent contradictoire et invertébrée », un *melting pot* regroupant trop de tendances diverses pour prétendre à une forme claire, amenant tout un lot de contradictions dans une volonté d'englober un maximum de tendances. Finalement, elle en devient « à tel point un trou noir d'idées à moitié digérées, malformées et à moitié cuites que l'on peut facilement exprimer des notions vraiment mauvaises comme celles de Foreman[18] ».

Le ton dur et méprisant de l'article n'a pas manqué de provoquer de fortes tensions. Les mots échangés entre Bookchin et les membres de la *deep ecology* (ainsi que certaines écoféministes proches de leurs idées) vont s'emporter et devenir plus sévères, menant à plusieurs débordements. Et ce qui devait être une confrontation de points de vue s'est transformé en ce qu'il faudrait plutôt appeler une querelle entre les trois mouvements de l'écologie radicale.

Ce débat devait avoir lieu tôt ou tard, car on y retrouve des questions de fond qui ne pouvaient être passées sous silence indéfiniment. La discussion qui allait en découler devait permettre de voir où ces réflexions menaient, quelle voie le mouvement écologiste voulait-il suivre et si les propos condamnés n'étaient que des dérives isolées ou, au contraire, des corollaires des principes biocentriques de la *deep ecology* promouvant la primauté de la nature. Ainsi, pour Bookchin :

> Les différences entre [l'écologie sociale et l'écologie profonde] ne consistent pas seulement en des disputes en rapport avec la théorie, la sensibilité ou l'éthique. Elles ont des conséquences pratiques et politiques de grande portée. Elles ne concernent pas seulement la façon dont nous considérons la nature, ou l'humanité, ou même l'écologie, mais comment nous proposons de changer la société et par quels moyens[19].

On se rend compte à travers les différents articles publiés que les discussions et les divergences se sont exprimées tout au long du débat autour de certains points précis, liés entre eux. On

18. Murray Bookchin, « Social Ecology versus Deep Ecology : A Challenge for the Green Movement », *Green Perspectives*, n°s 4-5, 1987.
19. *Ibid.*

aborda entre autres la question des tendances spirituelles au sein de ces mouvements, avec en lien celle de la critique des technologies et du progrès dont nous avons déjà parlé. Mais la principale question sur laquelle l'écologie sociale s'est impliquée reste néanmoins celle du débat occasionné par la promotion du biocentrisme par la *deep ecology*. La seconde est un des proches corollaires de ce principe : l'éternelle question du rôle de la démographie dans la crise écologique. Deux débats qui, par les échanges et prises de position qu'ils suscitent, permettent de bien définir où se situe l'écologie sociale dans le milieu de l'écologie radicale. Ils ont participé à forger son identité et affiner certains de ses traits principaux.

Le biocentrisme et l'humain

> *Confrontons franchement ces différences : la* deep ecology, *malgré toute sa rhétorique sociale, n'a réellement pas le sentiment que nos problèmes écologiques ont leurs racines ultimes dans la société et les problèmes sociaux. Elle prêche un gospel sur une sorte de « péché originel » qui aurait maudit une vague espèce nommée humanité – comme si les personnes de couleur étaient égales aux Blancs, les femmes aux hommes, le Tiers-Monde au Premier, les pauvres aux riches et les exploités aux exploiteurs.*
>
> Murray Bookchin, « Social Ecology versus Deep Ecology : A Challenge for the Ecology Movement »

Un des grands apports de la *deep ecology* a été la promotion du biocentrisme comme nouveau paradigme pour résoudre la crise écologique. En quelques mots, le biocentrisme repose sur l'idée que tout élément de la biosphère détient une valeur et des droits égaux. Pour l'écologie profonde, on ne peut parler de valeur supérieure d'un être, vivant ou non, sur un autre. « Toute forme de vie a le droit de vivre et de s'épanouir » est d'ailleurs l'une des devises principales du mouvement. Aucun élément de la biosphère ne doit – et n'a le droit – de s'imposer sur les autres, car chacun représente une part de ce (même) tout qu'est la biosphère. Les droits et besoins de chacun doivent donc être pris en compte et il revient à l'humanité d'adopter une attitude égalitaire et solidaire avec *chacune* des composants de la biosphère :

> La *deep ecology* a le souci d'encourager une attitude égalitaire de la part des humains non seulement envers tous les *membres* de l'écosphère, mais aussi envers toutes les *entités*, ou *formes*, identifiables dans l'écosphère. Par conséquent, cette attitude a pour vocation de s'étendre, par exemple, à des entités (ou formes) telles les rivières, les paysages et même les espèces et les systèmes sociaux considérés pour eux-mêmes[20].

À l'inverse, le mouvement considère l'anthropocentrisme, ce mode de pensée centré sur l'humain et ses intérêts, comme un « chauvinisme » déplacé, responsable en grande partie des problèmes écologiques et ne pouvant être éthiquement légitimé[21]. L'attitude de ne prendre en compte que le point de vue de l'humanité est considérée comme la source principale des problèmes écologiques. Pour changer favorablement la société, c'est-à-dire la rendre plus écologique et éthique, il faudrait passer d'une vision anthropocentrique à une vision biocentrique.

Ce positionnement confère à la nature une valeur intrinsèque (bien qu'Arne Næss affiche quelques réserves sur l'usage de ce terme), lui reconnaissant par ce biais une valeur qui dépasse la fonction de « ressource » que nous lui attribuons. Elle *est* en elle-même une valeur. Par le fait même, une éthique naturelle existe sous la forme de règles qui s'imposent à tous et que nous devrions respecter. Nous ne sommes pas libres d'agir comme nous l'entendons envers la nature. Nos décisions doivent se prendre en fonction des conséquences sur l'ensemble des êtres vivants – rivières, montagnes et plantes inclues. Dans cette optique, il ne faudrait pas non plus s'opposer aux processus naturels ou chercher à les diriger, mais les suivre et s'accorder à eux. La *deep ecology* ne remet pas pour autant en question le droit de tuer et la prédation, mais le limite à un besoin vital, pour se nourrir ou se protéger notamment.

Partant de ces considérations biocentriques, plusieurs des théoriciens principaux du mouvement ont cherché à convaincre qu'une telle perspective implique l'abandon de toute hiérarchie,

---

20. Warwick Fox, « The Deep Ecology-Ecofeminism Debate and its Parallels », *op. cit.*, p. 6.
21. George Sessions (éd.), *Deep Ecology for the 21st Century*, *op. cit.*, préface, p. XIII. Voir aussi Bill Devall et George Sessions, *Deep Ecology*, *op. cit.*, Annexe E, p. 243-246.

quelle qu'elle soit. En abandonnant l'anthropocentrisme, en s'identifiant à l'ensemble du monde naturel, on perd naturellement l'idée de domination de l'autre, qu'il soit homme, femme, animal, végétal, etc.

Cette promotion du biocentrisme a suscité plusieurs réactions. Du point de vue de Bookchin, derrière ce concept se cache une nouvelle forme de domination : on passe d'une vision de domination de la nature à une soumission à celle-ci. Un tel point de vue ne ferait que conserver et inverser le problème, mais en aucun cas le résoudre[22]. D'une manière plus générale, il va de soi pour les écologistes sociaux que la dissolution des hiérarchies passe nécessairement par une voie de changement social, dans les relations entre êtres humains, plutôt que par l'intégration – considérée comme abstraite – de la nature dans un tout homogène. Les écoféministes ont de leur côté cherché à faire prendre conscience, entre autres, que derrière un anthropocentrisme sans nuance, il est nécessaire de distinguer le rôle joué par *l'androcentrisme* (qui, rappelons-le, représente la centralité de la seule perspective masculine), plus précisément responsable de la crise écologique selon leur point de vue. Une perspective alors largement absente de l'analyse de l'écologie profonde[23].

De fait, l'analyse biocentrique des problèmes écologiques n'aborde que très peu les questions politiques et sociales. Cette absence dans les publications des écologistes profonds leur attira passablement de critiques. Par son manque de distinctions entre l'humanité – considérée en tant qu'espèce égale aux autres dans la nature – et l'individu, l'analyse opérée par la *deep ecology*

22. Cet argument est récurrent dans la pensée de Bookchin et permet de bien comprendre l'importance d'éliminer toute domination et ne pas juste la déplacer. C'est d'ailleurs le même argument avancé contre l'insertion du spirituel dans la pensée écologique. Voir Murray Bookchin, *Une société à refaire*, *op. cit.*, p. 27-28.

23. Peut-être plus encore que de ne pas tenir compte de l'androcentrisme, les écoféministes (Jim Cheney, Ariel Salleh et Deborah Slicer entre autres) reprochèrent à la *deep ecology* d'être elle-même androcentrique. Selon les écoféministes, le mouvement avait comme défaut d'être constitué pour ainsi dire uniquement d'une classe homogène d'universitaires masculins et blancs, coupés du terrain et reproduisant une pensée propre à cette classe. (Voir Ariel Salleh, « Class, Race, and Gender Discourse in The Ecofeminism/Deep Ecology Debate », *Environmental Ethics*, vol. 15, n° 3, 1993, p. 227, 229, 240 ; Warwick Fox, « The Deep Ecology-Ecofeminism Debate and its Parallels », *op. cit.*, p. 10.)

élude l'échelle intermédiaire, et sociale, où évoluent les institutions, les relations sociales, etc. Il en découle une vision jugée romantique et quelque peu abstraite et idéalisée de la nature, trop isolée de ses liens avec la société humaine[24]. Écologistes sociaux et écoféministes y voient une inexpérience des théories sociales. Pour eux, l'effet est bien à double sens. On ne peut se limiter à une relation entre le monde naturel et les êtres humains, il faut y voir une relation nature-société-individu, et même plus précisément : nature-société-hommes-femmes.

À ce constat, les écologistes profonds répondent qu'en se préoccupant plus de la politique et du social, des préoccupations centrées sur l'humain, la nature en tant que telle, qui devrait être l'intérêt premier d'un mouvement écologiste, est laissée de côté. Comme le fit remarquer Warwick Fox, « le monde non humain conserve sa position traditionnelle d'arrière-plan devant lequel l'action significative – l'action humaine – prend place[25] ». Soit la reproduction dans les discours de cette mentalité anthropocentriste. Ce point représente d'ailleurs, selon Fox, la divergence principale entre les mouvements.

La question n'est pas si simple cependant. De fait, l'écoféminisme et l'écologie sociale ne se retrouvent complètement ni dans l'anthropocentrisme, ni dans le biocentrisme[26]. On retrouve le même souci dans les deux mouvements pour une prise en compte de la nature en tant que telle, affirmant par là qu'une forme de biocentrisme est nécessaire[27]. Surtout, les écoféministes se

---

24. Voir Chaia Heller, *Désir, nature et société*, *op. cit.*; et Andrew W. Biro, *Denaturalizing Ecological Politics*, Toronto, University of Toronto Press, 2005, p. 31.
25. Warwick Fox, « The Deep Ecology-Ecofeminism Debate and its Parallels », *op. cit.*, p. 17.
26. Je m'accorde ici avec la vision d'Andrew McLaughlin, qui fait figure d'exception intéressante parmi les écologistes profonds en plaçant l'écoféminisme et l'écologie sociale au rang des pensées biocentristes. Il montre, à mon sens très justement, qu'il existe différentes formes et expressions de celles-ci et qu'un simple dualisme ne rend pas compte de la réalité (Andrew McLaughlin, *Regarding Nature*, New York, State University of New York Press, 1993, p. 198-199). Takis Fotopoulos montre également que l'écologie sociale possède des aspects biocentriques *et* anthropocentriques (Voir Takis Fotopoulos, *Pour une démocratie générale*, *op. cit.*, p. 119).
27. Ariel Salleh, « The Ecofeminism/Deep Ecology Debate », *op. cit.*, p. 212. À noter que cette position est celle de Salleh et ne signifie pas qu'une majorité d'écoféministes y adhère.

positionnent clairement contre une vision dualiste qui opposerait les pro-nature aux pro-humains, tout comme l'écologie sociale encourage dans son discours d'éviter toute forme de « centralité » en faveur d'une vision plus organique et coopérative[28].

Le point de friction entre les différentes approches touche plutôt toute promotion d'une vision très pure du biocentrisme, notamment sous sa forme d'égalité universelle. Le rassemblement opéré sous un slogan tel que « tous égaux dans la nature » peut amener à une dépersonnalisation et à une tendance à la non prise en compte des caractéristiques particulières de chacun, entre espèces et au sein de la même espèce. Une position éthiquement dérangeante, car il en ressort une non-reconnaissance, voire un rejet, des caractéristiques et besoins de chacun au profit d'une égalité forcément artificielle. La question à poser est donc moins de savoir si l'être humain est une espèce égale aux autres, mais plutôt quelle est la place de l'humanité au sein de la nature et comment envisager au mieux, pour toutes les parties concernées, nos sociétés au sein de l'environnement. En d'autres termes, comment faire cohabiter au mieux les hommes et les femmes, la société et la nature. Et sur ce point, les différents mouvements se rejoignent plus largement.

Cette question de la représentation de l'« humain » n'est pas anodine. Écoféministes et écologistes sociaux se sont particulièrement opposés à l'utilisation généralisée des termes « humain » et « humanité », constatée dans certains travaux de la *deep ecology*, notamment pour désigner un responsable de la crise écologique[29]. Comme l'explique l'écoféministe Christine Cuomo, « Les écologistes profonds ont tendance à voir les humains comme une espèce indifférenciée, monolithique et, par conséquent, à considérer la destruction de l'environnement comme résultant de l'action "humaine", l'attitude "humaine", ou même une téléologie "humaine" qui vise inévitablement la domination totale et

28. Voir notamment Murray Bookchin, « Yes ! – Whither Earth First ! ? », *Green Perspectives*, nº 10, 1988 ; Murray Bookchin, « Social Ecology versus Deep Ecology : A Challenge for the Ecology Movement », *op. cit.*

29. On pourrait citer dans le même ordre d'idées l'utilisation répétée (et souvent dans un sens dépréciateur) de termes généraux tels que « société technologique » ou « société industrielle » (utilisés selon Bookchin en lieu et place de « capitalisme », « institutions étatiques », etc.), dont l'usage mène au rejet sans distinction de toutes technologies, sans aspects critiques ou différenciateurs.

l'exploitation du royaume non humain[30] ». Avec comme conséquences d'en faire le responsable universel, mais sans distinction plus précise, ce qui pose problème. Fox précise tout de même que « [l]a cible des critiques des écologistes profonds n'est pas l'humain *per se* [...], mais plutôt "la centralité humaine" (i.e. une idéologie rendant cette pensée légitime)[31] ».

La réponse de Fox est pertinente. Mais dans les mesures prônées par l'écologie profonde, l'être humain est discriminé, pour ne pas dire incriminé, et présenté négativement, cela malgré la vision biocentrique. En effet, la *deep ecology* a, comme on va le voir, expressément encouragé une réduction importante de la population, d'une part, et fait la promotion de la nature sauvage, d'autre part – définie clairement comme non habitée par l'espèce humaine[32]. Mary Mellor met en évidence cette question : « Pour la plupart des écologistes profonds, et beaucoup d'écoféministes, l'humanité/l'"homme"/la société occidentale [...] faisait un temps partie de la "nature", mais s'est égaré en chemin[33]. »

C'est bien cette mise à l'écart de l'humain que Bookchin n'a cessé de critiquer. De son point de vue, le dualisme humanité/nature pose de nombreux problèmes en soi, surtout quand il se rapproche de propos misanthropes. Dans sa critique initiale de 1987, Bookchin a tenté de faire réfléchir sur ces questions, en démontrant que les bases mêmes de la *deep ecology* aboutissent à la misanthropie une fois poussées jusqu'à leur conclusion logique. Une problématique qui sera alimentée par l'accent placé par la *deep ecology* sur le lien entre démographie mondiale et dégradation écologique – et les mesures proposées pour faire diminuer les chiffres de la population mondiale.

---

30. Christine Cuomo, « Ecofeminism, Deep Ecology and Human Population », *in* Karen Warren (éd.), *Ecological Feminism*, Londres, Routledge, coll. « Environmental Philosophies », 1997, p. 95.
31. Warwick Fox, « The Deep Ecology-Ecofeminism Debate and its Parallels », *op. cit.*, p. 19.
32. Bill Devall et George Sessions, *Deep Ecology*, *op. cit.*, p. 114-115. Voir également sur cette question Mary Mellor, *Feminism & Ecology*, New York, New York University Press, 1997, p. 185.
33. Mary Mellor, *ibid.*, p. 146.

La question de la population

On ne peut ignorer plus longtemps que l'industrialisation, le progrès technologique et l'opulence du style de vie des nations développées ont précipité l'accélération de la dégradation de l'environnement dans le monde entier. Les menaces principales sont la dégradation des forêts (par exemple, la désertification, la salinisation, la perte de terres arables), la déforestation, en particulier des forêts tropicales, le changement climatique, dû à la destruction de la couche d'ozone, et enfin le réchauffement climatique, dû surtout à l'augmentation des taux en dioxyde de carbone et d'autres émissions gazeuses. Mais au lieu de considérer les causes premières de ces menaces [...], *on leur attribue aujourd'hui presque universellement une cause unique, la croissance démographique.*

Maria MIES et Vandana SHIVA, *Écoféminisme*

La question de la croissance démographique et du poids de la population dans la détérioration de l'environnement divise les écologistes depuis des décennies. Ce courant néo-malthusien avait déjà fait l'objet de débats à la fin des années 1940 et à la fin des années 1960, d'ailleurs sans jamais voir se réaliser les terribles catastrophes prophétisées alors[34]. Le débat n'est donc pas nouveau et, vingt ans après, l'argumentaire reste globalement le même : on présente les chiffres actuels de la population et les courbes de consommation (remplacées aujourd'hui généralement par celles des émissions de CO_2) qui en découle et on montre, par des statistiques, que la Terre ne peut pas subvenir aux besoins d'une telle population et/ou que la réduction de la population

34. Aujourd'hui encore, ce discours refait surface. Preuve en est l'annonce du Fonds des Nations Unies pour la population (FNUAP) et du think tank Optimum Population Trust (renommé depuis Population Matters) en 2009, peu avant la rencontre de Copenhague sur le climat, promouvant le planning familial pour réduire la population mondiale comme méthode moins onéreuse et plus efficace que les énergies vertes pour réduire les émissions de CO_2. Voir aussi l'étude, contestable dans sa méthode et ses résultats, de Thomas Wire, *Fewer Emitters, Lower Emissions, Less Cost – Reducing Future Carbon Emissions by Investing in Family Planning*, Londres, LSE, 2009. On pourrait encore citer en Suisse l'initiative populaire déposée en 2012 par le groupe Ecopop qui demande, sous prétexte d'écologie, d'instaurer des quotas d'immigration aux frontières du pays ainsi qu'une aide au planning familial volontaire dans les pays du Sud.

permettrait d'atténuer efficacement à long terme les différentes pollutions et autres dégradations environnementales engendrées. En conséquence, un contrôle des naissances par un accès facilité aux moyens de contraception est largement encouragé. Une façon très scientifique de considérer le problème de la démographie qui, non sans être dénuée de fondement, a le défaut de demeurer très abstraite et coupée des réalités sociales.

Le thème de la population alimenta grandement le débat entre les courants de l'écologie radicale et fut peut-être celui qui a le plus porté à controverse. On y retrouve à mon sens une des grandes illustrations du mode d'analyse de l'écologie sociale, cherchant les origines profondes et sociales d'un problème présenté comme biologique.

La *deep ecology*, dans son appel à une diminution de l'impact de la société humaine sur la nature, fait de la réduction importante de la démographie une de ses priorités. Selon ses principes, l'optique n'est pas de réduire la population jusqu'à un niveau où l'on peut satisfaire les besoins de tout le monde, mais jusqu'au stade où l'être humain ne met plus en danger les autres espèces, vivantes et non vivantes, de la planète.

Les théoriciens principaux de l'écologie profonde ont ainsi tous plus ou moins directement laissé entrevoir le besoin de diminuer fortement le nombre d'habitants de la planète. Dans un entretien publié dans l'ouvrage *Deep Ecology* de Devall et Sessions, Næss déclare que « nous ne devrions pas avoir plus de cent millions de personnes si nous voulons conserver la variété de cultures que nous avions il y a cent ans. Parce que nous devons conserver la culture humaine, tout comme nous avons besoin de la conservation des espèces animales[35]. » Gary Snyder, poète affilié à la *deep ecology*, recommandait quant à lui, à la fin des années 1960, de réduire la population mondiale de moitié, voire moins[36]. Des réductions de grande ampleur donc, mais qui laissent floue la manière dont cela doit être fait. Il est d'ailleurs

35. Arne Næss, cité par Bill Devall et George Sessions, *Deep Ecology*, *op. cit.*, p. 76. L'argument est aussi repris dans Arne Næss et David Rothenberg, *Ecology, Community and Lifestyle: Outline of an Ecosophy*, Cambridge, Cambridge University Press, 1989, p. 140-141.

36. Gary Snyder, « Four Changes », *in* George Sessions (éd.), *Deep Ecology for the 21st Century*, *op. cit.*, p. 142.

généralement précisé que les mesures pour amener à la réduction de la population font effectivement débat. Arne Næss précise bien qu'il faut le faire « sans révolution ni dictature », en procédant sur le long terme et sans mesures coercitives[37]. Néanmoins, Bookchin relève que Devall et Sessions mentionnent quant à eux l'éventuelle utilisation de « moyens drastiques » si on attend trop pour agir, mais là encore sans préciser lesquels[38].

Pour les écologistes sociaux et les écoféministes, ces prises de position ne sont clairement pas acceptables. La question de la population doit être abordée, mais avec précaution et réflexion. « Il est [...] absolument essentiel, explique Bookchin, que nous clarifions tout d'abord ce que nous entendons par "surpopulation" ou encore par "capacité d'accueil". » Ce à quoi il ajoute: « C'est là où la pensée de certains écologistes profonds m'effraie[39]. » Il y a pour Bookchin dans la façon d'exposer les choses un risque très important de dérive vers le nazisme[40]. Ainsi qu'il l'avait énoncé deux décennies plus tôt: « Aux yeux des nazis,

---

37. Arne Næss, « The Deep Ecology "8 Points" Revisited », *op. cit.*
38. La phrase remise dans son contexte dit que « plus on attendra [pour réduire la population], plus les mesures nécessaires seront drastiques » (Bill Devall et George Sessions, *Deep Ecology, op. cit.*, p. 72).
39. Murray Bookchin et Dave Foreman, *Quelle écologie radicale ?*, *op. cit.*, p. 40.
40. Le propos touche en particulier le cas d'Earth First ! : « Je ne suis pas en train d'accuser Earth First ! de nazisme, écrit Bookchin. L'importance de la vie et de la nature sauvage dans le façonnement d'un point de vue naturaliste et écologique sain n'a pas besoin de m'être démontrée. Mais cela devient très troublant pour moi bien sûr quand une telle vue naturaliste et écologique se voit polluée par le malthusianisme, la xénophobie, la misanthropie, et des dénonciations générales des êtres humains [...]. » (Murray Bookchin, « Yes ! – Whither Earth First ! ? », *op. cit.)* Cela, il n'est d'ailleurs pas le seul à le dire. Pour plusieurs théoriciens, derrière une pensée biocentriste se cache trop facilement un point de vue misanthrope. La promotion faite d'une soumission à la nature et à ses lois en définitive s'oppose fatalement à l'être humain. « On peut mesurer le degré de biocentrisme de l'environnementalisme moderne par l'étendue de sa misanthropie », aurait déclaré le philosophe et écologiste J.B. Callicott (cité par Roderick Nash dans *The Rights of Nature: A History of Environmental Ethics*, Madison, University of Wisconsin Press, 1989, p. 154 ; voir aussi sur ce sujet p. 159). Le professeur d'écologie Dominique Bourg partage un point de vue tout aussi critique et cite encore d'autres intellectuels ayant fait le même rapprochement entre *deep ecology* et nazisme. Il écrit que « [l]'écologie profonde débouche sur une misanthropie ne relevant pas seulement de l'humeur maussade de quelques-uns de ses partisans. La misanthropie la plus sinistre peut en effet être légitimée [...] à partir des principes mêmes de l'écologie profonde. » (Dominique Bourg, *Les scénarios de l'écologie*, Paris, Hachette, 1996, p. 51-52).

l'Europe était déjà "surpeuplée" dans les années trente et le "problème démographique" fut "résolu" dans les chambres à gaz d'Auschwitz. Implicitement, c'est la même logique qu'on retrouve dans nombre de raisonnements néo-malthusiens qui se cachent aujourd'hui sous le masque de l'écologie. Ne nous y trompons pas[41]. »

Précisons néanmoins que la critique porte bien sur les dérives qui pourraient survenir *au nom* de l'écologie profonde. Dans leurs arguments, ni les écologistes sociaux, ni les écoféministes n'ont accusé la *deep ecology* de *prôner* la misanthropie. Seulement, ce mouvement s'en approche dans ses principes sans pour autant mettre en garde contre cette dérive possible, et sans suffisamment creuser la question dans tout ce qu'elle implique. La misanthropie et des mesures antihumanistes sont ainsi montrées comme pouvant émerger de la promulgation de tels propos. Surtout quand certaines attitudes et déclarations ne sont ni clarifiées, ni condamnées comme cela a été le cas avec Foreman, « Miss Ann Thropy », etc. Cette prise de position trop légère et simpliste sur la problématique complexe de la réduction de la population mondiale doit être critiquée à ce titre. Il existe une nécessité de la traiter et de la résoudre comme un problème social, chercher ses causes profondes, plutôt que de s'arrêter aux chiffres et statistiques.

Si tous s'accordent à dire que la population mondiale doit être adaptée en fonction des capacités du milieu, donc de la nature, la différence réside dans le fait que les écoféministes et les écologistes sociaux ne pointent pas de doigt accusateur sur les populations (souvent pauvres) qui font beaucoup d'enfants. Ils considèrent au contraire que c'est en apportant à une communauté le nécessaire pour subvenir à ses besoins et s'épanouir socialement et culturellement que l'on peut espérer mettre fin humainement et efficacement à l'emballement démographique. Ainsi que le montre Bookchin, dans une image d'opposition entre deux extrêmes dont il était coutumier :

> Tôt ou tard, la prolifération aveugle des êtres humains devra s'arrêter. Mais ou bien le contrôle des naissances sera pris en charge par

41. Murray Bookchin, « Pouvoir de détruire, pouvoir de créer », *op. cit.*, p. 194-195.

> des « contrôles sociaux », c'est-à-dire par des méthodes autoritaires, racistes et finalement peut-être par le génocide, ou bien il sera assumé par une société libertaire et écologique qui fonde sur le respect de la vie la recherche d'un nouvel équilibre avec la nature. Telles sont les deux options inconciliables qui s'offrent à la société moderne et entre lesquelles il nous faut choisir sans ambiguïté[42].

L'écoféministe Christine Cuomo montre bien, elle aussi, que des grandes communautés peuvent vivre sur Terre avec un minimum d'impact sur la nature, que cela représente une question complexe de consommation, de style de vie, de politique et de choix des technologies, plus qu'une simple proportion entre espace, ressources et population globale[43]. Si elle continue à vivre dans une société de consommation, la population mondiale peut bien se limiter à un milliard ou moins, les conséquences ne seront pas différentes.

La perspective défendue par les écoféministes et l'écologie sociale considère en conséquence l'accroissement de la population moins comme un problème biologique que social. En tant que tel, il ne se contrôle efficacement que par un changement social (par de meilleures conditions de vie et d'éducation, plus de perspectives sociales et professionnelles pour la femme, etc.). L'accent est donc mis sur l'endiguement d'un impérialisme économique qui empêche le développement nécessaire des pays pauvres, plus qu'une réduction encouragée (et, on l'espère effectivement, non forcée) de la population.

On tend à l'oublier, mais seule une minorité de la population mondiale produit la grande majorité des dégâts écologiques. Les chiffres de la consommation mondiale parlent d'eux-mêmes : 20 % de la population mondiale consomme 80 % des ressources de la planète. Du point de vue des écologistes sociaux, il est donc clair que « les taux qui ont une importance stratégique pour la crise écologique ne sont pas ceux de la croissance démographique en Inde, mais bien ceux de la production aux États-Unis, qui représente la moitié de la production mondiale[44] ». Avec le pro-

42. *Ibid.*, p. 196.
43. Christine Cuomo, « Ecofeminism, Deep Ecology, and Human Population », *in* Karen Warren (éd.), *Ecological Feminism*, *op. cit.*
44. Murray Bookchin, « Écologie et pensée révolutionnaire », *op. cit.*, p. 148-149.

blème aujourd'hui de voir le mode de vie de ce pays à forte consommation être pris en modèle.

Ces considérations s'opposent très nettement à la vision de Paul Ehrlich (auteur du populaire ouvrage *The Population Bomb*, paru en 1968, et initiateur de l'organisation Zero Population Growth), et de tous ceux qui voient le facteur population comme le problème écologique principal. La question de la population n'est pas ici la *cause* du problème. C'est une *conséquence* de facteurs économiques et sociaux.

Malgré tout, la volonté de prendre des mesures pour réduire la population revient constamment dans le débat écologique. De par sa nature facilement compréhensible, ce positionnement a l'avantage de parler à tout le monde et de servir de bouc émissaire aux désagréments du quotidien : embouteillages, pénurie de logements, réduction des terres agricoles et de la campagne, etc. Surtout, il fait miroiter la perspective, trompeuse, pour les habitants des pays développés de pouvoir continuer à vivre sur le même train de vie et de consommation en rejetant la faute ailleurs, loin d'eux-mêmes. Et notamment sur les pays du Sud à forte croissance démographique, peu responsables de la situation actuelle. Une hypocrisie dénoncée à juste titre.

* * *

Hormis les dissensions qu'il a fait naître, le long débat théorique entre l'écologie sociale, l'écoféminisme et la *deep ecology* a eu un grand impact au niveau de la prise de conscience réciproque de la pensée de l'autre. Il a permis de mettre en évidence les liens et les divergences existants entre ces différents courants de pensées de l'écologie radicale, offrant ainsi une perspective plus claire sur leur idéologie respective. Comme le remarque Damian White : « Avec le recul, ce débat a marqué un moment important dans la pensée éco-politique. Un certain niveau de clarté a émergé des discussions, polémiques et tirades concernant les forces et faiblesses relatives de l'écologie sociale et profonde[45]. » Il a ainsi permis de faire ressortir l'identité propre et les différences fondamentales entre ces

45. Damian White, *Bookchin: A Critical Appraisal*, *op. cit.*, p. 120.

trois tendances de l'écologie radicale, tout comme il les a poussées à affûter et peaufiner leur argumentaire.

En revanche, si beaucoup ont compris et ont affirmé que le rapprochement et la collaboration entre eux était une nécessité, les possibilités de convergence et d'intégration du point de vue de l'autre ont trop souvent été mises de côté. Les réactions aux différentes remarques ont plutôt été défensives, alors que comme le souligne clairement Ariel Salleh: « l'intention de la critique écoféministe originale [était] non pas d'écarter la *deep ecology*, mais de la pousser à aiguiser sa sensibilité politique[46]. » Un aspect du message largement obscurci par la grande agitation occasionnée par ses propres propos et ceux de Bookchin. Ainsi, dans les faits, peu d'efforts concrets pour aboutir à une synthèse constructive et inclusive ont été mis de l'avant. Comme le note Val Plumwood, « le débat a aussi été largement mené dans un esprit de réductionnisme compétitif et a souvent eu un caractère dédaigneux qui n'était pas nécessaire[47] ».

Il y a malgré tout eu quelques exceptions notables cherchant à bâtir des ponts entre les diverses tendances. Lors d'une rencontre organisée par la Learning Alliance en 1989, des personnages aussi virulents – et opposés – que Bookchin et Foreman se sont assis à la même table et ont débattu sur le ton de l'entente, allant souvent d'ailleurs dans un même sens[48]. Bookchin y témoigne de son respect pour le combat d'Earth First!, tout comme Foreman pour le travail de son vis-à-vis. Le terrain d'entente trouvé a finalement été le point commun entre les deux hommes: le militantisme et la volonté de changer les choses. David Levine, directeur de la Learning Alliance, déclare bien à propos que:

> Ce livre prouve qu'il est possible au sein du mouvement d'écologie radicale de construire des alliances et des liens par-delà les barrières de communauté, d'origine, de race, de sexe, de classe et d'appartenance politique. La nature, elle, montre la coexistence d'espèces diverses dans un environnement particulier; nous,

46. Ariel Salleh, « The Ecofeminism/Deep Ecology Debate », *op. cit.*, p. 198.
47. Val Plumwood, « The Ecopolitic Debate and the Politics of Nature », *in* Karen Warren (éd.), *Ecological Feminism, op. cit.*, p. 66.
48. L'entretien a été traduit en français: Murray Bookchin et Dave Foreman, *Quelle écologie radicale ?*, *op. cit.*

humains, devrions aussi comprendre la nécessité de l'unité dans la diversité[49].

Dans cet entretien, Foreman admet une prise de position trop simpliste, mal relayée et revient sur ses propos concernant l'Éthiopie et l'immigration aux États-Unis[50]. Parallèlement, dès la fin des années 1980, Earth First! amorçait un virage, en évoluant vers un mouvement plus ouvertement positionné à gauche et intégrant les questions politiques et sociales. Une action qui en rejoint d'autres allant dans le même sens au sein de la *deep ecology*, qui a su incorporer certaines des remarques formulées à son endroit. L'ouvrage *Regarding Nature* d'Andrew McLaughlin est à ce titre un bon exemple de démarche visant à inclure la perspective sociale au sein de l'écologie profonde.

Pour l'écologie sociale, le constat final de ces échanges est malgré tout mitigé. Plutôt que des retours constructifs, il en résulte surtout des divisions. Un large fossé s'est ainsi creusé entre l'écologie sociale et la *deep ecology*, puis même avec les écoféministes où les possibilités de convergences apparaissaient pourtant prometteuses. Bookchin lui-même en fera peu pour intégrer à sa pensée certaines perspectives théoriques pertinentes des autres mouvements, par exemple sur les limites du rationalisme.

Ce large débat s'estompe vers le milieu des années 1990, mais cela ne marque pas pour autant un retour au calme pour l'écologie sociale. Bien au contraire. Alors que se clôt l'épisode portant sur l'écologie profonde, d'autres débats et polémiques vont émerger, cette fois avec le milieu anarchiste.

S'ils ne découlent pas directement l'un de l'autre, les deux débats s'articulent malgré tout autour de quelques thématiques communes. Pour comprendre ce qui s'est passé, il faut remonter à l'année 1987 – une date charnière à plus d'un titre. Peu avant la tenue du congrès du mouvement Vert à Amherst, Bookchin publie *The Rise of Urbanization and the Decline of Citizenship*[51]. Commandé par le Sierra Club comme un essai portant un regard

49. David Levine, « Avant-propos », *in ibid.*, p. 19.
50. Murray Bookchin et Dave Foreman, *Quelle écologie radicale ?*, *op. cit.*, p. 106-109, 118-119.
51. Murray Bookchin, *The Rise of Urbanization and the Decline of Citizenship*, San Francisco, Sierra Club Books, 1987 ; réédité une première fois sous le titre *Urbanization Without Cities* (Montréal, Black Rose Books, 1992), puis

écologique sur les questions urbaines, cet ouvrage traite en substance du lien entre les modèles politiques et les formes de villes. Prenant l'exemple de différents modèles de cités ayant existé au cours de l'histoire, l'écologiste y porte un regard centré sur les démocraties populaires qui s'y sont parfois développées. L'ouvrage poursuit ainsi la réflexion de Bookchin sur la ville, amorcée dans les décennies précédentes avec *Crisis in our Cities* et *The Limits of the City*, en y ajoutant un volet très politique.

Dans son récit historique, Bookchin montre comment « la notion de citoyenneté, longtemps enracinée comme la loyauté envers une ville et le corps public qui l'occupait, a commencé à dévier vers une entité territoriale plus large, la "nation" et sa "capitale". La politique a alors commencé à acquérir une nouvelle définition. Elle a progressivement représenté la professionnalisation d'un pouvoir, issu de l'État et de ses institutions[52]. » Une évolution caractérisée par le fait que « les cités ont alors commencé à perdre leur forme en tant qu'entités physiquement et culturellement distinctes, ainsi qu'en tant qu'entités politiques à taille humaine et humainement gérables. [...] Elles deviennent des centres prioritairement dévolus à la production et à la consommation de masse, incluant autant la culture que des objets matériels concrets. » Ce à quoi il ajoute que « le déclin du citoyen ou de la citoyenne, ou plus justement sa dissolution en tant qu'être perdu dans une société de masse – la contrepartie humaine de l'objet produit à la chaîne –, a été accentué par l'essor d'un gigantisme structurel qui remplace l'échelle humaine et par une bureaucratie croissante qui remplace tous les tendons organiques qui maintenaient ensemble la société précapitaliste[53] ».

Dans la nouvelle édition modifiée de cet ouvrage, publiée en 1995, Bookchin apporte un regard nouveau sur le rôle central que la commune a joué, en tant qu'espace politique et social. « Aussi paradoxal que cela puisse paraître, écrit-il, les éléments authentiques d'une société rationnelle et libre sont communaux, et non individuels. Conçus en des termes plus institutionnels, la municipalité forme non seulement la base pour une société libre,

modifié à nouveau en 1995 sous le titre de *From Urbanization to Cities* (Londres, Cassell, 1995).

52. *Ibid.*, p. 149.

53. *Ibid.*, p. 182.

mais représente également le milieu irréductible pour une véritable personnalité[54]. » Analysant les changements entre les deux versions, Damian White a relevé que Bookchin a retiré dans la seconde les considérations positives portant sur la société civile. À la place, il accentue la vision municipale de la démocratie directe, suivant là sa propre évolution, remettant en question le véritable potentiel des structures émanant de la société civile dans un système capitaliste[55].

Le modèle concret qu'il propose est celui d'une confédération de communes libres, qu'il définira quelques années plus tard sous le nom de *municipalisme libertaire*. Si Bookchin avait préconisé dans ses premiers écrits la mise en place d'éco-communautés, autodéterminées selon un modèle de démocratie directe, le développement du municipalisme libertaire structure et précise leur organisation politique. Il s'agit d'un véritable programme politique, en réalité une stratégie devant aboutir à la mise sur pied de communes libres, décentralisées et politiquement autonomes.

Les bases de ce projet remontent à la publication déjà mentionnée de « Spring Offensives and Summer Vacations », en 1972. À l'époque déjà, cet article demandait de dépasser le seul changement de style de vie, en faveur du développement « d'un nouveau type de *politique organisée* – d'action politique portant sur un niveau qualitativement différent de celui qui prévaut aujourd'hui », représenté par « le confédéral ou, si vous préférez, le concept "communard" d'organisation institutionnelle ». Il exprimait la volonté, maintes fois renouvelée par la suite, de retrouver « un authentique mouvement basé sur l'autogestion des Américains », un mouvement « *moléculaire, fortement enraciné dans chaque communauté et dans chaque quartier*[56] ».

Pour son développement, Bookchin s'est appuyé sur l'étude de bon nombre de modèles de sociétés et de mouvements révolutionnaires ayant existé au cours de l'histoire. Le fruit de ses recherches sera rassemblé plus tard dans l'un de ses plus imposants projets (et sans doute le moins connu), la rédaction d'un essai en quatre volumes intitulé *The Third Revolution: Popular*

54. *Ibid.*, p. 226.
55. Damian White, *Bookchin: A Critical Appraisal*, *op. cit.*, p. 155.
56. Murray Bookchin (The Anarchos Group), « Spring Offensives and Summer Vacations », *op. cit.*, p. 56-58 [en italique dans l'original].

Movements in the Revolutionary Era[57]. Une vision historique retraçant les parcours et caractéristiques des différents mouvements révolutionnaires du XIVe siècle jusqu'à nos jours dans les pays occidentaux, selon une perspective historique et sociale. Par cette étude, il cherche surtout à mettre en exergue certains parallèles et points communs. Dont un en particulier, entre la Révolution française et la Révolution russe.

Il y a en effet entre les deux des similitudes jugées significatives par Bookchin. Toutes deux ont eu deux révolutions successives : la première pour déposer la monarchie, la seconde pour renverser le gouvernement modéré qui lui a succédé et le remplacer par des groupements plus radicaux (éviction en France des libéraux Girondins et des modérés par les Jacobins, coup d'État des bolcheviques en Russie). Mais dans les deux exemples, il aura manqué pour Bookchin la troisième révolution, celle qui aurait donné le pouvoir au peuple. Un événement qui aurait permis l'établissement, non pas d'une nouvelle élite à la tête de l'État, mais d'un gouvernement décentralisé véritablement populaire et démocratique. La question qui revient à travers le municipalisme libertaire est donc bien celle-ci : comment parvenir à favoriser cette troisième révolution, synonyme d'établissement d'une société réellement libre ? Soit achever le processus de réforme contre la domination et aboutir à une véritable démocratie.

La théorisation du municipalisme libertaire sera le dernier grand développement apporté à l'écologie sociale par Bookchin et son expression la plus concrète. Il va y consacrer les dernières décennies de sa vie. Le projet demeure d'ailleurs une des rares propositions détaillées et précises de proposition politique libertaire dans la deuxième moitié du XXe siècle.

57. Murray Bookchin, *The Third Revolution : Popular Movements in the Revolutionary Era* (Londres, Cassell, pour les deux premiers tomes, puis Continuum International Publishing Group Ltd.). Les différents tomes sont parus entre 1996 et 2005, le quatrième volume représentant le dernier ouvrage publié du vivant de Bookchin.

Le municipalisme libertaire : une théorie politique…

Pour le présent, nous devons toujours plus tenter de démocratiser la république, un appel qui consiste à préserver – et étendre – les libertés que nous avons acquises aux siècles précédents, de pair avec les institutions qui les font exister. Pour le futur, cela signifie que nous devons radicaliser la démocratie que nous créerons, en implantant une base encore plus créative aux institutions démocratiques que nous aurons sauvées et tenté de développer.

Murray BOOKCHIN, *From Urbanization to Cities*

« Aucune société ne peut exister sans structures institutionnelles[58] », nous dit Bookchin. Aussi, si elle critique la forme présente de l'État-nation, l'écologie sociale ne remet pas en cause la nécessité de posséder une structure politique constitutionnelle qui lie autant qu'elle protège des abus et de la loi du plus fort. « Je suggérerais que ce mouvement [municipaliste libertaire] lui-même devrait avoir une constitution », précise-t-il. « À cet égard, je diverge de l'opinion libertaire qui veut un minimum de restriction. Comme je l'ai déjà dit, là où il y a un minimum de structure, là se retrouve un maximum d'arbitraire. […] [L]a question est de savoir quelle sorte d'organisation[59]. »

Pour l'écologie sociale, cette organisation doit avant tout avoir une assise locale. La constitution doit ainsi émerger de la volonté des citoyennes et citoyens, donc être choisie, reconnue et acceptée par eux de façon démocratique, sans être imposée d'en haut. Elle se voit ainsi conçue pour un lieu précis, en fonction de sa tradition culturelle et de sa situation, plutôt qu'homogénéisée sur de vastes territoires comme aujourd'hui. Le choix s'est donc logiquement porté sur le modèle politique confédéral.

Dans sa définition commune, le municipalisme libertaire représente l'organisation théorique d'une société fonctionnant sous la forme d'une confédération de communes, soit une fédération décentralisée de municipalités libres gérées par leurs habitants. Son but est le retour à une gestion locale des affaires

---

58. Murray Bookchin, « Social Anarchism or Lifestyle Anarchism : An Unbridgeable Chasm », *op. cit.*, p. 58.
59. Murray Bookchin interviewé par Janet Biehl, *Le municipalisme libertaire*, *op. cit.*, p. 278.

publiques dans laquelle chacun retrouve la maîtrise autant du champ législatif qu'économique.

Les sources du municipalisme libertaire se trouvent dans le modèle confédéral libertaire, le communisme et le modèle antique de la démocratie directe athénienne. Le système fonctionne selon l'idéal démocratique, où chacun représente une voix et est à même de l'exprimer et où les décisions sont votées à la majorité. Le qualificatif de « directe » signifie sans représentativité, donc sans politiciens au sens où on l'entend aujourd'hui. Le parlement disparaît et se voit remplacé par des assemblées populaires et publiques réunissant librement l'ensemble des citoyennes et citoyens :

> La démocratie directe signifie des gens gérant leur propre vie, consciencieusement et collectivement, pour le bien de la communauté dont ils font partie. Plutôt que céder le pouvoir de décision à des experts, des professionnels, des représentants ou des bureaucrates, l'écologie sociale prévoit une participation directe de tout le monde dans l'autogestion de leurs affaires communales[60].

L'intention est donc avant tout de remettre dans les mains des citoyennes et citoyens la gestion de leur environnement local. Ainsi le système ne comprend pas de professionnels de la politique, mais est géré par des citoyens libres, y dévouant volontairement une partie de leur temps.

Il est question ici de faire ressortir le sens premier du mot politique. Il faut en effet opérer une distinction importante entre le concept de politique et celui d'État. Bookchin désigne par le terme d'« étatisme » (*statecraft* en anglais) le pouvoir en tant qu'*appareil d'État*, dirigé par une bureaucratie et des politiciens de métier. Un système professionnel, géré à la manière d'une entreprise par des employés de l'État et dont le citoyen est dépendant plus qu'il n'en a la maîtrise. À l'inverse, « la politique *est*, presque par définition, l'engagement actif de citoyens libres dans la prise en main de leurs affaires municipales et dans leur défense de cette liberté[61] ». C'est une « arène civile » où l'on se forme en tant que citoyen et où l'on légifère démocratiquement sur l'en-

60. Peter Staudenmaier, « Economics in a Social-Ecological Society », *op. cit.*, p. 13.
61. Murray Bookchin, « The Communalist Project », *op. cit.*, p. 26.

semble des affaires municipales, cela sans intermédiaires ni président ou autorité suprême. Les deux concepts forment un État, mais ils s'opposent dans la manière de le diriger et selon qui détient la légitimité pour le faire.

Le système confédéral de démocratie directe se décline ainsi en plusieurs niveaux. Le pouvoir part du corps des citoyennes et citoyens, qui constitue la base du système et auquel est dévolue la responsabilité de la prise en charge de l'ensemble de la gestion de la communauté. La légitimité de l'exercice de ce pouvoir est acquise par le fait d'habiter le lieu et de dépendre des décisions prises. Les droits de citoyenneté sont ainsi reliés au sol principalement. Membre d'une communauté et dépendant d'elle, il est logiquement du devoir de chacun de la gérer et d'avoir son mot à dire dans les choix de son évolution.

L'échelon situé juste au-dessus des citoyens est celui du territoire dit de « la commune » (ou municipalité), un ensemble géographique et politique concrètement réalisé sous la forme d'un village et de ses champs avoisinants, d'une petite ville, voire d'un quartier seulement. Selon les cas, ses frontières peuvent être autant naturelles qu'historiques. Le lieu doit surtout être cohérent, assez grand pour apporter une diversité et rendre possible un certain développement autonome, mais aussi être suffisamment petit pour permettre d'en comprendre le fonctionnement, de connaître la plupart de ses habitants et de s'y sentir impliqué. Idéalement, il doit posséder un centre, un lieu identitaire où se rassembler, que ce soit une place de marché, une salle communale ou une maison de quartier.

Ainsi remis en lien direct avec leur lieu de vie, les gens en deviendraient responsables et en assumeraient collectivement la gestion lors des assemblées populaires. L'organisation régulière de telles assemblées communales/locales (assemblées de quartier, d'arrondissement, etc.) aurait pour finalité d'y débattre de la politique et de la gestion des affaires locales. Lors de ces réunions régulières seraient traitées les questions concernant l'aménagement du territoire, la gestion globale de la production et de l'approvisionnement en nourriture et en énergie, la production de biens, la résolution des conflits ou des problèmes éventuels, l'actualité de la commune, etc. Les divers sujets y seraient annoncés à l'avance, puis exposés, expliqués, débattus et enfin publiquement soumis au vote. Les décisions seraient ensuite appliquées par des personnes mandatées au nom de l'assemblée pour veiller à leur exécution.

Dans ces assemblées, chacun doit avoir la possibilité d'exprimer son point de vue, tout en laissant la majorité trancher. Le rôle du système démocratique est bien de permettre à chacun de prendre part aux décisions, et de les contester, mais en aucun cas de contenter tout le monde. Par contre, compte tenu que beaucoup de décisions se prendraient à un niveau proche des gens, où les intérêts convergent plus aisément, et dans un milieu familier et moins soumis aux intérêts économiques, chacun serait plus à même de s'identifier à de larges majorités, permettant un fonctionnement commun dans les prises de décision.

Bien que contesté, Bookchin a toujours défendu le principe de prise de décision à la majorité face à d'autres méthodes démocratiques comme la majorité des deux tiers ou le consensus. Il est selon lui le plus rationnel. Prendre les décisions à la majorité évite un blocage trop aisé de la part des opposants et donc un certain immobilisme, tout en laissant toujours ouverte la possibilité aux minoritaires de convaincre de la justesse de leur point de vue et de remettre en question une décision. Les personnes opposées à une mesure décidée doivent convaincre, être convaincues ou accepter le vote, mais en aucun cas il ne doit y avoir une volonté de contenter tout le monde par des demi-mesures ou en atténuant la portée de celles-ci. Bookchin a beaucoup insisté sur le fait que chercher l'unanimité autour d'une décision est tout bonnement impossible. L'unanimité n'est d'ailleurs même pas souhaitable, car elle tend à affaiblir la décision et à la réduire au plus petit dénominateur commun. En revanche, il est évident qu'un choix fait par une majorité ne garantit en rien qu'il soit meilleur qu'un autre. Celui-ci apporte surtout une légitimité concrète.

L'importance accordée au débat est ici primordiale. Tout doit être entrepris pour que les votes soient exprimés en connaissance de cause. Le corps des citoyennes et citoyens doit avoir la possibilité de formuler son opinion et de contester les décisions, ce qui nécessite leur compréhension. Ce principe est d'une grande importance pour la réussite du système et sa cohésion. En assemblée, chacun possède le droit à la parole et devra être encouragé à la prendre pour donner son avis. La participation ne viendra pas toute seule, mais l'espoir est qu'avec la pratique, en comprenant mieux les enjeux et en étant directement concernés, les gens prennent confiance et s'impliquent davantage.

Les bases du système politique et économique devront donc être enseignées au travers d'une éducation générale poussée, mais les citoyens se formeront en grande partie par la pratique. Cette formation est vue comme une nouvelle forme de *paideia* (du nom du parcours d'éducation qui formait le citoyen grec aux multiples connaissances nécessaires à l'exercice de la citoyenneté). Cette formation doit se montrer très diversifiée et aussi complète que possible, autant théorique que pratique, et inclure l'ensemble des domaines principaux de la commune. Le but étant, une fois la majorité atteinte, d'avoir le bagage nécessaire pour défendre son avis et faire des choix éclairés dans les prises de décisions politiques.

Pour les questions complexes demandant un savoir particulier, l'assemblée se verra informée par les personnes directement impliquées, travaillant dans le domaine ou l'ayant étudié. Celles-ci, si possible sélectionnées pour représenter les différents points de vue et alternatives envisageables, auront la charge de conseiller les citoyennes et citoyens lors du vote, c'est-à-dire d'expliquer (en détails mais de façon compréhensible) les différents points techniques et propositions et de répondre en direct aux différentes questions de l'assemblée sur le sujet.

Tout acteur d'un tel système doit clairement disposer de plus de temps pour se consacrer à la gestion de la communauté. Comme il sera nécessaire d'être bien informé pour participer activement aux séances, celles-ci devront également être préparées à l'avance. Pour que cela soit possible, le temps aujourd'hui consacré au travail devra être réduit pour ne pas transformer l'activité politique en une corvée supplémentaire, auquel cas les assemblées seront désertées ou réservées à une élite. Favoriser leur accès est une mesure à mettre en parallèle avec la garantie de recevoir le minimum pour subvenir à ses besoins, sinon cette nécessité prendra toujours le dessus.

La question de la participation est un point clé et délicat. S'il n'est pas agréable de venir à ces assemblées et de participer aux décisions, la gestion de la société par les citoyens n'a aucune chance de fonctionner. C'est une des raisons pour lesquelles

Bookchin insiste sur le besoin de redonner une connotation *positive* à la politique, d'y réintéresser les gens pour qu'ils soient motivés à participer à ces assemblées – et de façon active. La question de la motivation à la gestion des affaires, qui représente aujourd'hui l'un des grands problèmes, devra être résolue d'une manière ou d'une autre. Beaucoup s'accordent à dire que la nécessité de changement sera dans un premier temps le mobilisateur le plus efficace pour ramener les gens à la politique et leur y redonner goût. Le sentiment de responsabilité, qui pourrait naître par une identification renouée avec sa commune et sa région, aura ensuite un grand rôle à jouer.

Enfin, qu'elles prennent la forme de villages, de petites villes ou de quartiers, ces communautés devront chercher à se confédérer entre elles sous la forme d'une « Commune de communes » – un modèle inspiré de la Commune de Paris. Des assemblées confédérales, qui rassembleront plusieurs communautés avoisinantes, se tiendront à plus grande échelle (et moins souvent). Leur rôle sera de statuer – de la même manière – sur des questions qui requièrent une vision plus large et qui nécessitent d'être traitées à une échelle supérieure.

Chaque communauté devra donc désigner un délégué (voire plusieurs) qui aura pour mission de la représenter lors de l'assemblée confédérale, selon le principe dit du mandat impératif, qui reprend en soi le système brièvement mis en pratique durant les épisodes de la Commune de Paris et en Espagne en 1936-1939. La communauté devra donc choisir pour la représenter quelqu'un à qui elle accorde sa confiance et qui sera à même de parler le mieux en son nom. Ce ou ces représentants n'auront pas de pouvoir personnel et leur rôle consistera à exposer les positions prises par le groupe. Et si, malgré tout, un délégué devait ne pas suivre les recommandations faites par la communauté ou outrepasser son mandat, l'assemblée communautaire aurait alors la possibilité de destituer son émissaire et de révoquer ses prises de position. Le système se veut ainsi transparent, avec un contrôle permanent des citoyens, représentés par l'assemblée citoyenne locale. Outrepasser son mandat reviendrait à s'opposer à la majorité de la communauté et s'exposer à une forte pression populaire.

L'association entre les différentes communes serait institutionnalisée par l'existence d'une constitution au niveau régional et confédéral. Mais celle-ci serait compatible avec la liberté, l'autonomie et l'expression identitaire des communes qui la composent. Somme toute, le but de ce pouvoir « multimunicipal » sera bien de remplacer l'État :

> [L]es municipalités démocratiques devraient se lier ensemble pour former une confédération plus large. Ces assemblées et confédérations, par leur existence même, pourraient ensuite défier la légitimité de l'État et des formes étatiques de pouvoir. Elles pourraient expressément aspirer à remplacer le pouvoir de l'État et l'étatisme par un pouvoir populaire et une politique de changement radical socialement rationnelle[62].

Ce qui nous amène au deuxième principe contenu dans le municipalisme libertaire : l'élaboration d'un processus de transition pour parvenir à la mise en place d'un système confédéral.

...et une stratégie pour le changement

Le développement du municipalisme libertaire marque l'expression d'une certaine évolution dans la pensée de Bookchin[63]. Vers la fin des années 1970 (sa biographe Janet Biehl situe ce tournant en 1977) s'impose à lui le fait que le temps des révolutions, au sens d'une insurrection populaire spontanée, est révolu. Jusqu'ici, Bookchin voyait pourtant dans la révolution le vecteur de changement principal pour l'instauration d'une nouvelle société. Ces nouvelles institutions seraient créées durant ou à la suite de la chute du système actuel. Bien sûr, on ne sort pas de cette volonté de s'inscrire dans une logique révolutionnaire, soit de vouloir un changement radical de la société, raison pour laquelle le terme de « révolution » continue d'être utilisé. Mais c'est la forme de celle-ci qui va changer.

L'étude de Bookchin des mouvements révolutionnaires l'avait amené à constater que les révolutions ont jusqu'ici, pour ainsi dire, toujours été *spontanées* et non pas organisées par des partis. Au contraire, quand un parti organisé (pour ne pas dire « marxiste » en suivant sa pensée) a cherché à contrôler et diriger l'élan révolutionnaire, celui-ci s'est tari et l'impulsion s'est retrouvée détournée ou s'est éteinte. C'est ainsi que les modèles

62. *Ibid.*, p. 29.
63. Voir Janet Biehl, « Bookchin Breaks with Anarchism », *op. cit.*, p. 12-13.

égalitaires et les révolutions ont été brisés de l'intérieur peut-être plus encore que par des interventions extérieures. Hormis les antagonismes de classes, l'abandon (ou la perte), au profit d'une minorité, du pouvoir détenu par ceux qui avaient initié cet élan révolutionnaire en est généralement responsable.

Néanmoins, vers 1977 justement, la position de Bookchin change radicalement. Les critiques des partis organisés restent, mais la seule spontanéité laisse également apparaître des défauts. Derrière ce changement se retrouve la prise de conscience que les mouvements des années 1960 et 1970, tout comme la majorité des organisations révolutionnaires ayant existé au cours de l'histoire, ont été récupérés ou se sont disloqués après leur rapide émergence en raison de l'absence de programme et de l'incapacité d'en mettre un sur pied à l'issue du mouvement révolutionnaire. Les révolutionnaires n'ont pas réussi à s'organiser, à se fédérer autour d'un but commun clair et compris de tous – et c'est cette faiblesse qui a souvent permis aux partis organisés de les récupérer. De son étude des mouvements révolutionnaires, Bookchin a fini par admettre que nulle organisation n'émerge spontanément de la rue lors de révolutions. Un jugement appuyé notamment par l'exemple des événements de juillet 1917, en Russie : « À leur appel pour une organisation, Bleihkman [une personnalité des anarcho-communistes de Pétrograd] a répondu : "Les rues vont vous organiser !" Les rues, bien sûr, n'ont absolument rien "organisé", ni personne d'ailleurs – et en partie en raison du manque de leadership réel, l'insurrection de Juillet a été écrasée en quelques jours seulement[64]. » Gérer le pouvoir ne s'improvise pas, et c'est dès lors plutôt l'apprentissage et l'exercice de ce pouvoir qui, selon Bookchin, a la capacité d'amener un changement profond de la société. Et non l'inverse.

En conséquence, Bookchin va repenser le développement dans l'autre sens et faire de l'organisation une partie intégrante du processus révolutionnaire. Comme le formule Janet Biehl en explicitant la pensée de Bookchin : « Les révolutionnaires doivent cesser de croire que les institutions révolutionnaires pourraient se former après la révolution, ni même au cours d'une insurrec-

64. Murray Bookchin, « Thoughts on Libertarian Municipalism », *Left Green Perspectives*, n° 41, janvier 2000, p. 6.

tion. À la place, les révolutionnaires doivent commencer à créer des institutions révolutionnaires dès à présent[65]. » Le concept de changement soudain s'efface devant celui de processus de création révolutionnaire. Un moyen considéré comme plus fiable pour concrètement mener à terme un mouvement révolutionnaire et éviter qu'il ne s'écroule ou soit récupéré par des groupes ne suivant pas les volontés populaires.

Dans le cadre du municipalisme libertaire, on incite donc les citoyennes et citoyens à créer de nouvelles institutions et à s'appuyer sur elles pour acquérir le pouvoir et le collectiviser au niveau communal. Il s'agit bien de dissoudre le pouvoir en place et d'instaurer un cadre institutionnel permettant de « recréer et élargir le champ politique démocratique comme champ d'autogestion de la communauté[66] ». Une fois encore, c'est par la présence et le fonctionnement de ces institutions qu'émergera une possibilité de rupture avec le modèle en place. Outre la décentralisation et la démocratisation du pouvoir politique, il est aussi et surtout question de réimpliquer les gens en politique. Les amener à revendiquer leurs droits, les préparer à recevoir et assumer le pouvoir de décision qui leur revient de droit (et les devoirs qui en découlent) afin de disposer d'une base solide, capable d'assurer la gestion de la société. La communauté locale doit devenir la plateforme et le ciment qui permettront au processus de changement d'avoir lieu et d'atteindre ses objectifs. Et ce afin que chacun puisse accueillir les nouvelles responsabilités qui lui incomberont, qu'il dispose des compétences nécessaires pour assumer sa part et soit à même de soutenir l'ensemble.

Voulant se positionner comme un mouvement militant prônant ouvertement un changement radical de la société, l'écologie sociale a dû prendre position sur son propre rôle à jouer dans ce processus. Ayant depuis des décennies critiqué les groupes organisés cherchant à diriger les mouvements populaires et finissant généralement par les dominer, il était important qu'elle se prémunisse contre un tel comportement.

La réponse théorique apportée est celle-ci : le but que se fixe l'écologie sociale à travers le municipalisme libertaire n'est pas

65. Janet Biehl, « Bookchin Breakswith Anachism », *op. cit.*, p. 13.
66. Janet Biehl, *Le municipalisme libertaire*, *op. cit.*, p. 97.

de mener la révolution, dans le sens traditionnel d'un parti ou mouvement prenant le leadership pour mener à l'insurrection. Comme le dit Bookchin, « la tâche des révolutionnaires est d'aider les autres à devenir révolutionnaires, ce n'est pas de "faire" les révolutions[67]. » Son rôle est plutôt d'enraciner la démocratie directe dans la population, de pousser à la formation d'institutions libres et populaires et à la réappropriation de la gestion de la commune selon un mode public et collectif.

La formation de communes confédérées peut se faire par étapes. La première serait de créer des associations de quartiers apolitiques, des groupes qui permettront, au départ, aux gens de se découvrir les uns les autres et de débattre des principes de démocratie directe et de la vie communautaire locale. Ils devront dans un premier temps les étudier, les façonner pour les adapter à leur environnement – dans les deux représentations du mot d'ailleurs, soit comme milieu naturel et contexte social, mais surtout culturellement, c'est-à-dire en lien avec le lieu où ils se trouvent. Le second palier consiste à établir quelles étapes pourraient mener à l'implantation d'une confédération de communes libres, via des changements à courte portée favorisant la réalisation de buts plus fondamentaux à atteindre sur le long terme. Enfin, dernière tâche et sûrement la plus importante, ils devront l'enseigner à leur entourage, leurs proches et les ouvrir à ces idées.

Précisons ici que la question du libre consentement joue un rôle crucial. Pour que le système fonctionne et soit porté par la base, il doit être choisi et accepté par ceux qui en font partie[68]. Assez tôt au cours du processus, les futurs membres du mouvement devront – de façon volontaire et démocratique – former le projet de libération auquel ils prennent part, avec ses buts, ses valeurs et sa structure. Ainsi, si une révolution n'a pas besoin d'être guidée par un parti, elle doit l'être par un idéal. Elle doit chercher *en amont* à se définir elle-même, choisir ses idéaux et les buts à atteindre. Et ceux-ci doivent être clairement définis, afin que les gens qui adhèrent au mouvement et se mobilisent pour lui le fassent en connaissance de cause et non à défaut de mieux.

---

67. Murray Bookchin, « Spontanéité et organisation », *op. cit.*, p. 59.
68. Voir Takis Fotopoulos, *Pour une démocratie générale*, *op. cit.*, p. 187 ; Janet Biehl, *Le municipalisme libertaire, op. cit.*, p. 130-134.

Amener les gens à s'engager pour un objectif qu'ils ne comprennent pas bien, voire dont ils n'acceptent pas les idées principales ou les buts finaux, ne mène nulle part.

Dans cette optique, un certain nombre d'actions sont proposées pour atteindre une large part de la population. Il faut expliquer ces idées, attirer l'attention sur celles-ci par des textes, des publications, des conférences, etc. La relation directe, en face-à-face plutôt que par des intermédiaires électroniques[69], et la persuasion par la parole plutôt que par les médias sont à privilégier. Cela par souci de transparence, mais aussi par cohérence avec le modèle de démocratie directe désiré. L'objectif est d'instaurer un processus politique ouvert où se débattent les points de vue en même temps que se créent des liens sociaux.

Une fois les idées promues par l'écologie sociale suffisamment ancrées dans la communauté au point d'être acceptées et de devenir aussi naturelles que l'ordre en place, les groupements ainsi constitués devront chercher, par divers moyens, à prendre progressivement un poids et une reconnaissance publique et politique. Bien que largement contestée, la participation aux élections locales était considérée par Bookchin comme un des vecteurs permettant d'acquérir du poids politique. Il s'agissait pour lui d'un passage obligé, qui devait de toute manière se produire tôt ou tard, pour faire valoir un pouvoir réel. Le but était également de profiter de l'appareil électoral pour faire connaître ses idées et soutenir la mise en place d'institutions radicales au niveau local. Cette approche a suscité de nombreux débats sur lesquels je reviendrai.

Il ne faudrait pas voir dans ce programme politique une forme de complot secret, mais bien plus un projet transparent dans ses motivations, et qui ne cache pas son ambition de vouloir décentraliser le pouvoir politique[70]. Si la cohabitation avec le

69. Il est intéressant de noter qu'en 1964 déjà, dans « Écologie et pensée révolutionnaire », Bookchin écrivait : « Les relations entre les gens devraient s'effectuer le moins possible par l'intermédiaire des appareils électroniques tels que téléphone, télégraphe, radio et télévision. » Le phénomène a aujourd'hui explosé et ses conséquences commencent à peine à être mesurées.

70. On retrouve ici l'approche prônée par Brian K. Murphy dans son ouvrage *De la pensée à l'action*. Un auteur intéressant et à lier à l'écologie sociale dans sa perspective de créer un environnement propice à l'expression de sa personnalité, de sa liberté et dans sa volonté de donner un réel pouvoir à la personne.

pouvoir étatique est reconnue comme inévitable au début, lors de sa mise en place progressive, tôt ou tard l'État-nation tel que nous le connaissons aujourd'hui devra être renversé. En effet, « quel que soit le degré d'unitarisme ou de décentralisation d'un État, celui-ci coexiste difficilement avec l'autonomie municipale[71] ». Pour cette raison, il est conseillé de s'opposer aux aspects dominateurs et centralisateurs de l'État (pacifiquement et par des actions citoyennes), de chercher à lui retirer ses pouvoirs. Le but est de faire perdre progressivement à l'État toute raison d'être, le dénuer de son sens, en s'appropriant petit à petit ses différentes prérogatives pour ensuite faire en sorte qu'elles soient assumées démocratiquement par la population. Précisons toutefois que les services publics seraient maintenus. La question n'est pas là, puisque c'est seulement l'appareil d'État, sa bureaucratie et les politiciens qu'il faut rendre obsolètes en décentralisant leurs tâches et en répartissant le pouvoir de décision. Seulement, cela ne peut se faire seul et il faut réellement aller chercher ce pouvoir, le revendiquer et, en dernier ressort, le renverser.

Tous ne s'accordent pas sur cette ultime étape. La proposition de Bookchin est d'ailleurs contestée, en raison de l'emploi de la force armée – plus précisément d'une milice de citoyens armés qui aura préalablement remplacé l'armée. Le but est pour lui non pas de prendre le pouvoir par les armes en combattant, mais plutôt, en privant l'État de son monopole de violence, de le pousser à abdiquer : « Il faut que le système tombe, il ne faut pas qu'il combatte ; et il ne tombera que lorsque ses institutions auront à ce point été vidées de leur contenu [...] que l'insurrection n'aura plus qu'un rôle symbolique et non réel à jouer[72]. » Le passage par ce moment révolutionnaire armé pour achever la transition semblait incontournable pour Bookchin. La tension grandissante entre le nouveau pouvoir et l'ancien ne pouvait se résoudre sans retirer à l'État son monopole de la force armée. Sans cette opposition frontale, le mouvement confédéral et démocratique demeurerait selon lui à la merci d'un État voulant défendre son pouvoir et le système capitaliste en place. Et ce dernier aurait alors les armes et l'autorité pour le faire.

71. Janet Biehl, *Le municipalisme libertaire*, *op. cit.*, p. 83.
72. Murray Bookchin, « Spontanéité et organisation », *op. cit.*, p. 55.

Pourtant, face aux armements modernes, aux risques de vengeances, de purges et autres débordements meurtriers qui entacheraient la nouvelle société issue du changement, certains prennent leur distance face à cette volonté affichée d'armer le peuple. Ils réaffirment au contraire leur volonté d'emprunter une voie non violente pour le changement. Dans sa préface au livre de Janet Biehl sur le municipalisme libertaire, Marcel Sévigny a notamment considéré la voie armée comme liée à une certaine vision culturelle, étatsunienne, du municpalisme libertaire (Bookchin lui-même étant partisan du port d'armes), qu'il est nécessaire d'adapter à son contexte culturel local[73].

Enfin, on aurait tort de croire que la déposition de l'État centralisé avec l'instauration d'institutions radicales transformant la société représente une fin en soi. Une fois celles-ci mises sur pied, maintenir de nouvelles institutions fonctionnelles et durables – et les développer – pourrait se révéler aussi ardu que de les instaurer. Toujours par son étude des mouvements révolutionnaires, Bookchin constate qu'une fois l'impulsion lancée, elle rencontre un moment critique qui donne la possibilité de persévérer et d'atteindre la liberté recherchée – ou au contraire fait perdre le pouvoir populaire obtenu. Ce stade crucial est lié selon lui au besoin matériel. Si les promesses d'un bien vivre et l'obtention des moyens essentiels d'existence ne sont pas tenues, la révolution échoue inévitablement.

Ce processus soulève malgré tout une question importante : avons-nous le temps ? Un changement progressif basé sur l'éducation et la réappropriation du pouvoir par les citoyens prendra des dizaines et des dizaines d'années. Il demandera énormément d'efforts, pour se maintenir ainsi que pour s'étendre :

> Presque partout, le mouvement municipaliste libertaire mettrait des années à connaître le succès – je suis incapable de dire combien –, à convaincre les gens qu'il représente une solution à l'impasse politique et économique actuelle. Le municipalisme libertaire est un processus et c'est un mouvement qui tente de développer ce processus, de l'élargir, de gagner les esprits des gens, même avant que ses

73. Voir Janet Biehl, *Le municipalisme libertaire*, *op. cit.*, p. 15.

> institutions ne soient établies. La bataille devra se poursuivre, certainement au-delà des années qu'il me reste à vivre[74].

Pour Bookchin, ce processus long est inévitable. Et il ne faut surtout pas essayer d'y couper en cherchant à aller vite pour obtenir plus de résultats. Changer les mœurs au sein d'un système en place depuis plus d'un siècle ne peut que représenter un travail de longue haleine, personne n'en doute. S'ils veulent être acceptés et mis en œuvre de façon durable, les changements importants ne peuvent être instaurés rapidement.

L'écologie sociale exige de prendre en considération le long terme, de renouer avec les grands projets humains. Pourtant, il est vrai que notre société est pour le moment prisonnière du court terme et que la crise écologique se joue maintenant[75]. Certains éléments peuvent néanmoins plaider en faveur d'une prise de conscience et lancer, voire accélérer, ce processus de changement radical. Citons, par exemple, les catastrophes naturelles ainsi que les crises économiques à répétition et de grande ampleur que nous connaissons depuis une dizaine d'années. Notre société profite également de l'accélération du rythme de nos sociétés occidentales et de leur globalisation. Les systèmes de communication et les médias ont atteint une portée mondiale et font qu'aujourd'hui une idée se répand très rapidement. Le rythme des changements et leur importance n'ont cessé de croître au cours de l'Histoire, c'est une tendance que l'on ne peut nier. Le revers de la médaille est que cette vitesse est souvent liée à

74. Murray Bookchin interviewé par Janet Biehl dans *Le municipalisme libertaire, op. cit.*, p. 252.

75. La société actuelle connaît une telle montée des tensions – sociales, psychologiques, politiques, écologiques, démographiques, etc. – qu'on ne peut qu'imaginer qu'une rupture aura lieu au cours de ce siècle. Comme le soutient Antonio Estevan (militant de la confédération espagnole « Ecologistas en acción »): « On assistera sans doute, à un moment donné du XXIe siècle, au dénouement de la crise écologique de la civilisation urbano-industrielle, dans les termes imprévisibles, mais probablement dramatiques, sur les détails desquels il est évidemment inutile de spéculer. » (« Le nouveau développementalisme écologique », *Arguments*, n° 38, 2000, p. 10). Il est difficile de dire si la crise écologique et sociale, que de nombreux signaux annoncent, peut être évitée en recourant à la stratégie à long terme proposée par Bookchin. Néanmoins, comme le bon sens l'indique, tout doit être entrepris pour corriger le tir dans la société actuelle, ici et maintenant. Et ce en prévision de celle qui, de gré ou de force, suivra, ne serait-ce que pour éviter que ces travers ne se reproduisent dans ce qui émergera de cette période plus que troublée.

l'éphémère ; l'effort pour maintenir actif le mouvement pour une société écologique n'en est que plus justifié.

D'autres difficultés sont aussi à prendre en compte. Brian Tokar a ainsi fait remarquer, à juste titre, que la société est si mobile aujourd'hui que recréer les liens communautaires et l'identification à un lieu sera sans doute ce qui sera le plus ardu[76]. Et pour l'anarchiste David Watson, après toutes ces années d'Empire, d'État-nation et de capitalisme industriel, les conditions préalables nécessaires pour se libérer ne sont simplement plus en état de fonctionner[77]. On peut difficilement leur donner tort. La tâche paraît impossible, et à la fois toujours plus indispensable également devant les abus, les blocages et les échecs des démocraties parlementaires occidentales modernes. Dans ce besoin réside sans doute le principal espoir de changement.

Bientôt, plus personne ne pourra nier la nécessité d'opérer un changement fondamental du mode de vie issu du capitalisme, avec son économie de marché, sa société de consommation et tout ce que cela implique. Ne sommes-nous pas d'ailleurs déjà à ce stade de la prise de conscience ? Progressivement, l'opinion publique pèsera de plus en plus lourd dans les décisions et nous forcera bientôt à prendre, il faut l'espérer car c'est là tout l'enjeu, celles qui nous mèneront vers un avenir plus en accord avec le monde naturel et avec nous-mêmes.

***

Le municipalisme libertaire marque le début d'un nouveau volet d'activités pour l'écologie sociale. À travers ce concept, Murray Bookchin affiche clairement une ambition : renouer avec la tradition révolutionnaire de la première moitié du XXe siècle. Une tradition quelque peu discréditée à la suite de la Seconde Guerre mondiale et des réalisations du « socialisme réel » en URSS. Mais Bookchin entend relancer et poursuivre cette tradition en s'appuyant sur de nouvelles idées et des projets novateurs. Son rêve est de voir émerger un mouvement radical, une « nouvelle Nouvelle Gauche », porté par des idéaux écologistes, libertaires

76. Brian Tokar, *The Green Alternative*, *op. cit.*, p. 104.
77. David Watson, *Beyond Bookchin*, New York, Autonomedia, 1996, p. 100-101.

et rationnels[78]. Un engagement qu'il cherchera à faire aboutir tant au niveau local que national et même international.

Au niveau local, les écologistes sociaux vont, sous la houlette de l'ISE, chercher à s'organiser dans le but de lancer des groupes politiques organisés autour des propositions du municipalisme libertaire. Ils s'investiront surtout en Nouvelle-Angleterre et déploieront leur activité à l'échelon municipal. Plusieurs membres de l'ISE formeront ainsi les Burlington Greens, avec pour but de promouvoir les préceptes de l'écologie sociale. On peut compter parmi leurs réalisations leur opposition à la construction de logements huppés aux abords du Lac Champlain. Pour ce qui concerne l'État du Vermont, Bookchin et d'autres ont également défendu avec succès la limite de deux ans du mandat de gouverneur quand on cherchait à l'allonger.

Bookchin participe à ce groupement politique, mais sans toutefois jamais lui-même se présenter à des élections. D'autres écologistes sociaux le feront, notamment sa femme, Bea Bookchin, dont il était séparé et Sandy Baird, à Burlington même. Mais aucun des rares candidats à s'être présenté jusqu'ici n'a été élu[79]. Ce n'était d'ailleurs pas le but premier recherché, les élections étant plutôt utilisées pour faire passer des messages. Comme nous l'avons expliqué précédemmnent, Bookchin mettait également en évidence l'importance de militer sur ce plan-là car les périodes électorales, par leur couverture médiatique, sont un moyen d'information très important pour faire connaître ses idées, initier le débat, etc. Pour éviter le « piège » de l'électoralisme, les recommandations faites aux groupes municipalistes libertaires étaient, d'une part, de se limiter aux élections locales, car elles représentent l'échelon le plus proche des gens et font moins appel à une logique de coalition nécessitant alliance et compromis. D'autre part, il devait être clair pour tous les parti-

78. Murray Bookchin, « Reflexions of a Revolutionary, 1921-1994 », entretien vidéo par Doug Morris, Turning the Tide, 1994.

79. On pourrait malgré tout citer des exemples à Montréal avec l'expérience en politique de Marcel Sévigny (voir Marcel Sévigny, *Trente ans de politique municipale*, Montréal, Écosociété, 2001) et Dimitri Roussopoulos, et éventuellement en France, avec l'élection de Philippe Boursier, membre du groupe français Écologie sociale, au conseil municipal de la Roche-sur-Yon en 2001, même si ce dernier ne revendique pas un programme municipaliste libertaire au sens où Bookchin l'entendait.

cipants à la campagne que la recherche de voix et le succès électoral n'était pas un but en soi.

Cette relation entre le municipalisme libertaire et le système politique électoral est malgré tout assez controversée. Beaucoup se sont focalisés sur ce point. Le municipalisme libertaire a d'ailleurs parfois été dépeint comme cette seule volonté de parvenir à une société libertaire décentralisée en participant aux élections locales[80]. Il faut pourtant voir cet élément comme aspect d'une stratégie plus large. Ainsi que le commente un écologiste social espagnol:

> En ce qui concerne le municipalisme libertaire, sans avoir étudié ces propositions il y a déjà beaucoup de malentendus. Il ne s'agit évidemment pas d'élire un maire ou même un conseil municipal libertaire, mais bien de changer les structures et le fonctionnement pour passer à une démocratie directe en partant du lieu commun où converge l'ensemble des préoccupations sociales[81].

Cette focalisation sur la participation aux élections a sans doute eu lieu parce qu'il s'agissait d'une originalité apportée à une tradition libertaire de confédéralisme déjà établie. Mais aussi, et surtout, parce que cela demeure un point sensible dans les milieux libertaires; ce qui d'ailleurs n'a pas manqué de faire réagir.

Certains anarchistes y virent le début de l'abandon de vieux complexes et la fin d'un refus idéologique face au processus électoral, et même face à la politique en général, mais ils furent peu nombreux. Pour la majorité, cette volonté d'agir sur le terrain électoral s'oppose clairement aux buts antiétatiques promus et ouvre trop souvent la voix au carriérisme politique. Au sein de la gauche radicale et surtout anarchiste, il y a cette reconnaissance que, de nos jours, l'appareil électoral sert surtout à « légitimer l'État-nation[82] », sans apporter de réelle représentation démocratique. D'autre part, et Bookchin l'a largement démontré

80. À l'image de Philippe Pelletier qui a caractérisé le municipalisme libertaire comme un principe « aux contours flous, mais dont la seule clarté consiste à se placer sur le terrain électoral ». Philippe Pelletier, « Le spectre du bookchinisme », *Le Monde libertaire*, n° 976, 24-30 novembre 1994.
81. Floréal Romero, interviewé par Robert Péaud, « Rencontre avec le collectif "Los Arenalejos" », *Arguments*, n° 39, 2000, p. 27.
82. Murray Bookchin et Dave Foreman, *Quelle écologie radicale ?*, *op. cit.*, p. 86.

lui-même, les organisations politiques radicales ont tendance à s'éloigner progressivement de leurs idéaux de départ pour s'institutionnaliser et tomber dans le moule du système politique. Une évolution observée largement, si bien que rares sont les groupes à faire exception.

Bookchin ne niait pas ces faits, il en était même bien conscient. Pour ne pas voir le mouvement perdre petit à petit son élan radical – notamment en acceptant des compromis dans l'espoir d'avancer plus vite, d'obtenir plus de votes ou de soutien – Bookchin préconisait une ligne stricte sur les buts du mouvement et sa méthode d'action, alliée à une grande vigilance lors de la participation à des élections. Les risques étaient donc pris en compte, mais ne justifiaient pas, selon Bookchin, le retrait complet du champ politique. Un acte qui pour lui était une erreur tactique commise par beaucoup de militants.

En plus des groupes régionaux, les écologistes sociaux de Nouvelle-Angleterre vont s'impliquer dès le milieu des années 1980 dans la formation du parti écologiste national. Ils seront grandement impliqués au sein de la coalition à l'origine du Left Green Network, fondé en 1989. Minoritaire, cette faction rassemblait l'aile gauche des Verts à l'intérieur du mouvement national dans une volonté de donner plus de poids aux idées de la gauche radicale au sein des Verts nationaux, alors en développement. On retrouvait parmi ses buts la volonté de créer un mouvement social ancré localement et basé sur un certain nombre de valeurs dont l'écologie, la non-violence, la démocratie locale ou encore l'abandon du patriarcat. Une façon de faire face aux tendances plus modérées qui aspiraient à faire de la coalition nationale un parti plus traditionnel, à vocation électoraliste[83].

Le Left Green Network promouvait un système de confédération de communes et de démocratie directe proche du municipalisme libertaire. Mais le projet va vite tourner court. La poussée des tendances majoritaires au sein des Greens/Green Party USA vers l'électoralisme amène le Left Green Network à se dissoudre en 1992, un sort que connaît également la majorité

---

83. Brian Tokar, « The Greens as a Social Movement : Values and Conflicts », *in* Frank Zelko et Carolin Brinkmann (éd.), *Green Parties : Reflections on the First Three Decades*, Washington, Heinrich Böll Foundation of North America, 2006.

des autres factions progressistes présentes au sein des Verts nationaux.

Sur la scène internationale enfin, des colloques et des conférences sur l'écologie sociale sont organisés à Dunoon, en Écosse, en 1995, à Lisbonne en 1998, et finalement au Vermont en 1999. Les deux dernières abordent plus particulièrement la thématique du municipalisme libertaire et font suite à la parution du livre de Janet Biehl[84] qui synthétise les positions de Bookchin sur le sujet.

Les réactions à ces différentes impulsions pour lancer un mouvement municipaliste libertaire furent diverses. Si une part de la gauche progressiste a prêté une oreille attentive et intéressée au projet, peu ont suivi Bookchin sur cette voie (à l'exception notable de Takis Fotopoulos, économiste et initiateur du mouvement dit pour une « démocratie inclusive »[85]). D'une manière générale, le municipalisme libertaire a surtout fait débat et soulevé bon nombre de critiques, au sein des milieux anarchistes (les écologistes, à quelques exceptions près, n'y ont accordé que très peu d'attention, n'en ayant même que rarement eu connaissance). Parmi les réactions des anarchistes nord-américains[86], Janet Biehl constate que les remarques sont souvent du même ordre. Pour la majorité d'entre eux, ce modèle d'organisation politique ressemble encore trop à un État. En outre, le droit accordé à la majorité sur la minorité est considéré par les plus radicaux comme une domination abusive. Et encore une fois, la plupart des anarchistes manifestent généralement une opposition de principe à l'idée de participer à des élections, qu'elles soient locales ou non. À noter que le projet a aussi suscité plusieurs dissensions au sein même des partisans de l'écologie sociale (voir l'annexe 1).

84. Janet Biehl, *The Politics of Social Ecology: Libertarian Municipalism*, Montréal, Black Rose Books, 1998 ; traduit en français sous le titre *Le municipalisme libertaire, op. cit.*

85. Site officiel : <www.inclusivedemocracy.org>. Bookchin et Fotopoulos ont été proches durant plusieurs années au travers du projet de publication *Society & Nature*, devenu plus tard *Democracy & Nature*. Les convergences entre eux sont grandes sur la question du développement d'un système politique de confédération de communes. Leurs divergences, en revanche, portent principalement sur la question du développement de valeurs objectives (l'élaboration par Bookchin du naturalisme dialectique, voir annexe) et la question de l'abondance matérielle d'une société d'après-rareté.

86. Janet Biehl, « Bookchin Breaks with Anarchism », *op. cit.*

Différentes raisons peuvent expliquer le peu de crédit dont a joui le municipalisme libertaire. Néanmoins, force est de constater que les plus importantes critiques n'ont pas été d'ordre théorique. Elles ont surtout porté sur la manière de faire passer le message et la place laissée aux divergences. On a beaucoup reproché au municipalisme libertaire d'être présenté de façon très rigide par Bookchin, de se montrer comme une voie à suivre inébranlable, comme une bible. Beaucoup de différends ont découlé de la vision très stricte du municipalisme libertaire portée par Bookchin et ses plus proches partisans.

De là ont commencé à pleuvoir les critiques au sujet du dogmatisme de la pensée de Murray Bookchin. On voit également apparaître le terme de « bookchinien » pour désigner les suiveurs de sa ligne stricte – un terme utilisé à titre péjoratif[87]. On présente alors le théoricien anarchiste comme une sorte de nouveau prédicateur, une image sans doute renforcée par une grande verve et sa forte prestance quand il tenait des discours ou des conférences. Des visions contradictoires de l'homme émergent alors : celle du militant autoritaire et intransigeant face à l'ardent défenseur de la liberté et de la coopération. Deux images difficiles à concilier[88].

Faut-il condamner Bookchin pour dogmatisme ? On laissera ici de côté la question de la personnalité de l'homme, sur laquelle les avis sont très subjectifs et divergent radicalement. Indéniablement, le personnage était haut en couleurs et, par là même, très controversé. Mais si Bookchin, et à travers lui l'écologie sociale elle-même[89], doit être acusé de dogmatisme, cela doit se baser sur

87. Fait marquant de cette volonté d'un mouvement à l'ancienne, Bookchin semble être le seul représentant moderne de la gauche radicale à avoir vu son nom associé à une tendance politique, à l'image des penseurs du XIXe siècle et de la première moitié du XXe.

88. Andy Price a écrit un livre sur la question, sorti malheureusement trop tard pour pouvoir être inclus pleinement dans cet ouvrage. Je me contenterai de le mentionner ici : Andy Price, *Recovering Bookchin: Social Ecology and the Crisis of our Time*, Porsgrunn, New Compass Press, 2012.

89. Le parcours de l'écologie sociale a toujours été très personnellement et intimement rattaché à Bookchin. La plupart des critiques de Bookchin visent surtout le ton de ses écrits, souvent dichotomique, tout blanc ou tout noir, et touche donc surtout sa personnalité, cela bien plus que le fond de ses propos. L'expression objective de ses idées a souvent été perdue et beaucoup se sont désintéressés des idées alors qu'ils étaient surtout en désaccord avec la per-

les écrits et déclarations publics, seul domaine qui puisse faire preuve d'une réelle objectivité et témoigner de sa pensée politique. Une analyse qui permet d'apporter des éléments de réponse précis vis-à-vis des choix et décisions faits par Bookchin et qui lui ont valu ces différentes critiques. On ne prétendra pas ici clore le débat, seulement lui apporter une clarté que la seule accusation récurrente et trop souvent caricaturale de dogmatisme ne peut faire valoir.

Cohérence ou dogmatisme ?

On décèle très vite à travers ses prises de position que Bookchin n'était pas ce que j'appellerais un pluraliste. Il a toujours plaidé pour une ligne bien définie et justifiait notamment son choix par le besoin de maintenir un cap radical sur le long terme. Son étude de l'histoire des mouvements populaires lui a permis de tirer cet enseignement des échecs des groupes politiques qui se sont détournés de leurs buts radicaux initiaux (tels les Verts allemands gagnés par la tendance dite « réalos », plus pragmatique, face aux partisans d'une ligne plus radicale, la SDS récupérée par les mouvements maoïstes, etc.), généralement au profit d'une perspective plus modérée ou différente, comme cela a été expliqué. La mise sur pied d'une telle ligne directrice devait garantir le maintien des velléités révolutionnaires d'un mouvement et le prémunir d'être détourné de ses buts originaux.

Derrière cette explication officielle, il ne faudrait pas minimiser l'exécration de Bookchin pour l'indéfini et le flou. Le théoricien de l'écologie sociale a toujours exprimé l'exigence que tout concept soit représenté par un mot précis et bien défini. Une tendance qui l'a amené à inventer ou à redéfinir plusieurs expressions comme « post-rareté », « environnementalisme », « étatisme » ou, comme on le verra, « communalisme ». Et il défendait rigoureusement leurs définitions, cherchant constamment à protéger ce qu'il faut appeler l'intégrité intellectuelle de l'écologie sociale.

---

sonne et sa manière de promouvoir sa pensée. En plusieurs occasions, Bookchin aurait ainsi sans doute dû plus clairement parler en son nom propre plutôt qu'au nom de l'écologie sociale. (Voir à ce sujet Andrew Light, « Bookchin as/and Social Ecology », en introduction à l'ouvrage *Social Ecology After Bookchin* dont il est l'éditeur.)

On peut clairement qualifier Bookchin de « puriste » dans le sens où, dans sa vision, toute identité ou idéologie doit être clairement exposée et cohérente. On doit savoir qui l'on est et ce que l'on veut pour pouvoir en débattre, confronter ses idées et ses principes. Bookchin a donc constamment promu la définition et l'organisation, en lieu et place de la volonté d'un cadre minimum.

Ce que Bookchin reproche à la volonté de rester général, ou vague, c'est que cette approche risque d'obscurcir la pensée et de mener à tout et son contraire. À trop vouloir rester dans l'abstrait ou l'ouverture, comme à trop vouloir mélanger les choses ensemble, on perd le sens même du message transmis. L'absence de programme, le « flou rassembleur » qui nivelle les principes au plus petit dénominateur commun ne permet pas selon Bookchin de développer une vision cohérente à long terme permettant d'exprimer des revendications concrètes et soutenues par des partisans. De fait, cela rejoint le flou qu'entretient la société moderne pour lui permettre de manipuler et de dénaturer les concepts. Pour lui, le besoin de cohérence prime sur la volonté d'ouverture et de rassemblement[90]. Un choix qui a donc pris le pas sur la diversité des approches. On comprend dès lors pourquoi Bookchin, quand il décelait une contradiction dans un corpus théorique vis-à-vis de sa propre pensée, préférait rompre avec celui-ci plutôt que de voir le message s'obscurcir. Il n'y avait pas de place pour la cohabitation entre des vues divergentes sur certains points. On le constate entre autres par ses critiques de penseurs contemporains et populaires tels que Gorz, Castoriadis, Marcuse et quelques autres, peu éloignés de Bookchin sous plusieurs aspects, mais divergeant de sa pensée sur quelques éléments théoriques particuliers.

Ce choix assumé d'un radicalisme idéologique, plutôt qu'un radicalisme plus pragmatique davantage concentré sur les buts communs, qui démarque l'écologie sociale de beaucoup d'autres mouvements, a laissé sur le carreau beaucoup de ceux qui

90. Comme il le déclare d'ailleurs : « "Cohérence" est mon mot favori, il guide résolument tout ce que je dis et tout ce que j'écris. » Murray Bookchin, *The Ecology of Freedom, op. cit.*, p. 79. Ce à quoi il ajoute ailleurs que « nulle pensée n'est plus traître qu'une pensée incomplète » (« A statement of purpose », *Comment* (nouvelle série), vol. 1, nº 1, 1979).

auraient été les plus prompts à soutenir l'écologie sociale et la porter en avant. Les relations avec d'autres mouvements n'ont pas eu le rôle constructif, stimulant et mobilisateur qu'un apport commun (mais non homogène) aurait pu voir naître.

Un principe qui fut ouvertement critiqué par John Clark à de nombreuses reprises. Une de ses premières déclarations publiques à cet effet eut lieu à Dunoon, en Écosse, lors de la conférence internationale sur l'écologie sociale tenue en 1995. Il avait alors quitté le corps professoral de l'ISE, ce qui s'est fait après 1992 à la suite de désaccords avec Bookchin. À Dunoon, il déclara dans un texte que « [l]'écologie sociale *ne peut pas* se focaliser uniquement sur certains aspects du municipalisme libertaire, mais doit plutôt chercher à explorer une large diversité de possibilités[91] ». Une critique réitérée par d'autres voix lors de la conférence de Lisbonne trois ans plus tard. Certains participants, des partisans de l'écologie sociale venus des pays latins, notamment, ont argué à cette occasion qu'on ne pouvait pas appliquer le municipalisme libertaire comme une méthode théorique fixe dans une réalité sociale qui, elle, est diverse. Arriver avec un programme préconçu plutôt que des propositions à débattre revenait à leurs yeux à imposer une manière de faire aux groupes existants sur place, avec peu de latitude pour en changer. La logique aurait voulu que ces principes émergent de la base, seule à même de les enraciner et de les soutenir. Brian Tokar rapporte également qu'au sein du Left Green Network, en dépit de vues concordantes entre les différents membres, « l'attrait pour cette position [municipaliste libertaire] était souvent compromis par une rigidité idéologique largement perçue chez plusieurs membres du groupe d'écologistes sociaux[92] ».

La rigueur idéologique aurait ainsi contribué à tuer dans l'œuf de nombreuses initiatives visant à s'associer au projet représenté par le municipalisme libertaire et, par extension, à l'écologie sociale dans son ensemble. La question théorique qui ressort de ce constat est bien de savoir comment, au sein d'une idéologie précise et bien définie, prévenir le risque de s'enliser

91. John Clark, « The Politics of Social Ecology », *op. cit.*, p. 21. [Accentué dans l'original].

92. Brian Tokar, « The Greens as a Social Movement: Values and Conflicts », *op. cit.*

dans un système étouffant, brimant des aspirations et des approches divergentes ? Par peur d'être détourné de ses idéaux initiaux, un mouvement social à vocation révolutionnaire porte forcément en lui le risque d'écarter les voix dissonantes, exactement comme le font les forces au pouvoir dans leur volonté de maintenir le *statu quo*. La frontière entre volonté d'intégrité idéologique et dogmatisme inflexible est délicate et à ne pas franchir.

Le choix fait par le municipalisme libertaire d'avoir des lignes directrices claires pour la mise sur pied d'un mouvement est resté très controversé. Le débat divise beaucoup: il a ainsi persisté jusqu'au décès de Bookchin et refait surface continuellement dans les commentaires sur sa pensée. La disparition de Bookchin semble néanmoins avoir atténué la tendance à vouloir garantir l'intégrité de l'écologie sociale. Ou à tout le moins l'enjeu est-il aujourd'hui moins important que du temps de Bookchin, notamment face au besoin d'agir plus concrètement sur le terrain. Somme toute, l'épreuve du temps saura montrer si ses craintes de voir l'écologie sociale se dé-radicaliser étaient fondées ou non.

***

En définitive, l'effort investi dans la création d'un mouvement international pour promouvoir l'écologie sociale et le municipalisme libertaire n'atteignit pas l'effet escompté. La majorité des tentatives de mise en place d'un réseau étendu et durable se sont soldées par un échec.

L'ambition était-elle démesurée ? On est en droit de le penser. Mais cette ambition constituait sans doute également la grande force de l'écologie sociale – et celle de Murray Bookchin lui-même. Elle aurait pu constituer un élan qui aurait permis de tirer le projet vers l'avant et encourager des militants anarchistes et écologistes à le rejoindre. Un leadership néanmoins mal considéré dans un milieu, autant universitaire que militant, peu attiré par les grandes figures, comme cela a pu être le cas par le passé. Le temps a poussé à plus d'humilité.

Cet échec marque une certaine remise en question de Bookchin qui avait très clairement fait entendre sa prétention de vouloir rénover l'anarchisme. Il était important pour lui que le mouvement libertaire se renouvelle pour ne pas tomber dans les mêmes travers conservateurs qu'il attribuait aux marxistes. Il avait des vues très arrêtées sur les forces et les faiblesses du mouvement anarchiste et sur les aspects spécifiques qui devaient être promus, dans l'optique de le rendre plus en phase avec son époque. En 1980 déjà, dans son article « Anarchie : passé et présent », il exprimait que « vus globalement, l'anarcho-syndicalisme, le proudhonisme et le bakounisme appartiennent à un passé révolu. Je le dis, non pas parce qu'ils manquent de cohérence et de sens idéologique [...], mais simplement parce qu'ils parlent d'époques faisant partie de l'histoire ancienne[93] ». Les temps ont changé, proclame Bookchin. Les sociétés et les gens ne sont plus les mêmes, tout comme les révolutions ne sont plus les mêmes non plus.

Cette volonté de rénover l'anarchisme masque de fait l'attirance de Bookchin pour un retour aux valeurs de ce que lui-même appelait « la gauche d'avant ». Cette gauche des années 1930, portée par divers mouvements populaires marqués selon lui par leur cohérence, leur aspiration internationale, leur esprit démocratique et leurs espoirs révolutionnaires[94]. Ainsi, si Bookchin a été présenté comme un des théoriciens majeurs de l'anarchisme de la deuxième moitié du XXe siècle, il fut de plus en plus considéré vers la fin de sa vie comme le dernier représentant de ces anciens auteurs de référence qui ont marqué l'âge d'or de cette idéologie.

Seulement, la rupture effective des militants anarchistes avec la « vieille gauche » était très avancée. Si Bookchin suggérait de s'en dégager au niveau des idées, dans les faits la gauche radicale a été plus loin en s'en distançant non seulement sur le fond, mais sur la forme également. L'anarchisme a bel et bien évolué et vu de nouvelles tendances émerger en son sein durant les dernières décennies du XXe siècle. Mais pas dans la direction espérée par Bookchin. Alors qu'il voulait voir revivre une nouvelle forme communiste-sociale au sein des mouvements de la gauche radicale, ces derniers vont se tourner davantage vers l'autonomie de

---

93. Murray Bookchin, « Anarchism : Past and Present », *Comment : New Perspectives in Libertarian Thought*, vol. 1, n° 6, 1980, publié en français dans *L'arc : Revue trimestrielle*, nos 91/92, 1984.
94. Murray Bookchin, « The Left That Was : A Personal Reflection », *in Social Anarchism or Lifestyle Anarchism*, *op. cit.*, p. 66.

petits groupes que vers un ralliement à une vision internationale. Et plus vers le développement de modes de vie et de pensée alternatifs (inspirés par le mouvement punk et « alterno ») que vers le développement de groupements organisés et guidés par une idéologie politique.

Marqués par la désillusion du « socialisme réel » en URSS, les différentes composantes de la gauche radicale vont considérer avec méfiance l'arrivée d'une nouvelle idéologie politique. Les vastes ralliements sous une même bannière et les mêmes idées ont été mis de côté au profit d'approches plus identitaires, parcellaires et diverses, souvent peu compatibles (et parfois même opposées par principe) avec la mise sur pied d'un mouvement révolutionnaire large et organisé. En promouvant ce modèle classique, Bookchin se coupait de l'évolution effective du mouvement anarchiste.

En conséquence, Bookchin va multiplier les articles critiques de « certaines tendances au sein du mouvement anarchiste délaissant l'héritage gauchiste et socialiste de l'anarchisme en faveur de l'individualisme, du mysticisme, de l'expression de soi, de la technophobie et même du néo-primitivisme[95] ». Il ajoutera à cette liste « l'anti-étatisme primaire », c'est-à-dire le rejet de toutes formes d'organisation politique.

Le texte emblématique de ces critiques est « Social Anarchism or Lifestyle Anarchism: An Unbridgeable Chasm ». Paru en 1995, ce pamphlet polémique enchaîne les arguments et les critiques de tendances anarchistes contemporaines, en particulier les vues individualistes et anti-communautaires de ceux que Bookchin affuble du nom de « lifestyle anarchists ». Un qualificatif utilisé pour désigner une tendance qui redevenait à la mode dans le milieu anarchiste et qui consiste à privilégier comme action militante l'adoption d'un autre mode de vie, la séparation avec le modèle dominant et l'autonomie, et qui tend à délaisser la confrontation sur le terrain politique et institutionnel. Une tendance qui s'est développée dans la nouvelle génération anarchiste des années 1980 et 1990 et que Bookchin ratta-

95. Biographie de Bookchin, site internet de l'ISE (<www.social-ecology.org/>). Une étude approfondie du mouvement anarchiste serait nécessaire pour savoir à quel point ces tendances étaient répandues et si elles se limitent surtout aux représentants étatsuniens.

chait difficilement à sa vision organisationnelle du mouvement anarchiste.

> [L]'anarchisme *lifestyle* aujourd'hui s'exprime principalement au travers de graffitis sprayés, du nihilisme postmoderniste, du néoprimitivisme, de l'anti-technologisme, du « terrorisme culturel » néo-situationiste, du mysticisme et de la « pratique » de mises en scène foucausienne d'« insurrections personnelles ».
>
> Ces roublardises branchées, qui presque toutes suivent la mode actuelle des jeunes cadres dynamiques, sont individualistes dans ce sens important qu'elles sont antithétiques avec le développement d'organisations sérieuses, d'une politique radicale, d'un mouvement social engagé, d'une cohérence théorique et d'un programme pertinent. [...] Le drapeau noir que les anarchistes sociaux révolutionnaires ont soulevé dans les combats révolutionnaires en Ukraine et en Espagne devient à présent un pagne en vogue pour la délectation du petit bourgeois chic[96].

Les critiques visent en particulier les publications contemporaines de Susan Brown (*The Politics of Individualism*), Hakim Bey (*T.A.Z.: The Temporary Autonomous Zone*), la revue anarchiste *Fifth Estate*[97] ou encore l'anarchiste primitiviste John Zerzan. Des points de débat importants sont soulevés mais, une nouvelle fois, la façon dont Bookchin traite le sujet, avec beaucoup d'ironie, de condescendance et de façon parfois trop caricaturale, est plus propice à allumer un incendie qu'à stimuler la réflexion. À l'image du titre, on reste dans une opposition dichotomique entre la vision de Bookchin et ces tendances.

La connotation négative portée sur le comportement *lifestyle* peut d'ailleurs surprendre. L'élaboration et le développement d'un style de vie alternatif avait toujours été promu par le passé, en tant que réaction anti-bourgeoise nécessaire au développement d'une nouvelle culture libératrice. « [L]e mouvement révolutionnaire se préoccupe profondément de style de vie[98] », proclamait-il d'ailleurs trente ans auparavant, dans les années 1960.

---

96. Murray Bookchin, « Social Anarchism or Lifestyle Anarchism », *op. cit*, p. 19-20.
97. Et à l'intérieur de cette revue, en particulier les écrits de Georges Bradford, alias David Watson, auteur plus tard d'un livre critique, *Beyond Bookchin*.
98. Murray Bookchin, «Post-Scarcity Anarchism», *in Post-Scarcity Anarchism*, p. 45.

Il faut comprendre que le *lifestyle* est ici critiqué comme une attitude petite bourgeoise, car il le voyait promu comme une fin en soi, sans viser explicitement la construction de quelque chose de plus large, soutenu par un programme clair et engagé concrètement vers un changement institutionnel. Une forme de lutte limitée au plan personnel donc peu suceptible de changer la société dans son ensemble et considérée comme pouvant aboutir à un retranchement des anarchistes du débat public et politique concernant la stratégie à adopter face à la progression du capitalisme néolibéral. Au-delà de l'image, certes assez réductrice, dépeinte ici, il faut retenir plusieurs éléments fondamentaux. Ce que critique Bookchin, c'est cette volonté individualiste de « vivre à part selon ses propres vues », qui n'offre les moyens nécessaires pour s'opposer au capitalisme qu'à ceux qui ont les moyens d'en sortir. La création de niches libertaires, sans volonté d'aller plus loin dans la démarche, ne peut selon lui que créer des îlots isolés dont le capitalisme peut très bien s'accommoder. Ou aisément écraser. Une voie qui ne peut que perpétuer le *statu quo*.

En donnant un coup de pied dans la fourmilière, Bookchin espérait surtout faire réagir et lancer un débat. Il voulait provoquer une réaction dans un milieu très replié sur lui-même et à la recherche d'un nouveau souffle. Et rallier des supporters. Beaucoup de commentateurs jugèrent cependant ce texte inutilement provocateur, dédaigneux et trop partial. Ce pamphlet de Bookchin entretient sa qualification très caricaturale mais récurrente de « vieux grincheux », de gauchiste autoritaire et dogmatique, cassant systématiquement les mouvements suivant une voie différente de la sienne. L'homme en prend pour son grade et ses arguments demeurent largement mis de côté.

Face à cet échec, atteint d'une maladie qui l'handicapait (il souffrait d'arthrite et a passé les dernières années de sa vie en chaise roulante) et fortement démoralisé par la situation, Bookchin annonce en 1999 sa rupture avec l'anarchisme. Une façon de rendre officielle une position déjà adoptée *de facto* depuis plusieurs années. Un événement malgré tout loin d'être anodin. Il marque la scission de Bookchin et de ses plus proches partisans du reste d'un mouvement auquel il avait rattaché l'écologie sociale – et s'était lui-même identifié – pendant près de quarante ans. Fini donc l'« éco-anarchisme » et autres « anarchisme social », « anarcho-communisme », etc. Bookchin ferme définitivement la porte de l'anarchisme durant ses dernières années et entreprend de rattacher l'écologie sociale à une nouvelle tradition politique. Il la nomme *communalisme*, en référence à l'héritage de la Commune de Paris de 1871. Dans sa définition, Bookchin cite, encyclopédie à l'appui, que le communalisme « est une théorie ou un système de gouvernement dans lequel des communautés locales pratiquement autonomes sont liées de façon souple en une fédération[99] ». Il ne diffère en revanche en rien du municipalisme libertaire sur le fond[100]. Seul le nom change, dicté par la nécessité d'abandonner le qualificatif de « libertaire ». Bookchin ne manque pas non plus de préciser qu'il « ne [croit] plus que le communalisme soit une simple "dimension", démocratique ou autre, de l'anarchisme ; c'est plutôt une idéologie distincte avec une tradition révolutionnaire qui doit encore être explorée[101]. »

On pourrait disserter longtemps sur les raisons qui ont poussé Bookchin à prendre cette décision, ainsi que sur sa pertinence. Revenant sur cet événement, Dimitri Roussopoulos, co-fondateur des éditions Black Rose Books et partisan de l'écologie sociale, comprend cet acte comme une volonté de se distancer des anarchistes d'Amérique du Nord :

> Quand Bookchin est devenu de plus en plus malade, de plus en plus isolé et de plus en plus désespéré par le manque de sérieux au sein de la tendance antiautoritaire, libertaire ou anarchiste sur le continent nord-américain – très divisée avec des chapelles très concurrentielles – il s'est retrouvé vraiment désespéré par tout cela. Il était désespéré par le manque d'alternative cohérente et a conclu qu'il n'y avait pas d'espoir parmi ces gens-là. Ce n'est pas seulement les principes qu'il a attaqués, mais il a aussi attaqué la situation actuelle en attaquant les principes. En tant que théoricien, il avait cette

99. Murray Bookchin, « The Communalist Project », *op. cit.*, p. 28.
100. Pour être rigoureux, le municipalisme libertaire peut être considéré comme une forme potentielle de communalisme, mais ces termes seront indifférement utilisés ici comme synonymes. À noter qu'auparavant, Bookchin avait aussi brièvement préféré l'expression « municipalisme confédéral » à celle de « municipalisme libertaire » pour décrire sa théorie politique (Murray Bookchin, « The Transition to the Ecological Society : An Interview by Takis Fotopoulos », *Society & Nature*, vol. 1, n° 3, 1993, p. 96).
101. Murray Bookchin, « The Communalist Project », *op. cit.*, p. 34.

tendance d'attaquer les idées et pas nécessairement ceux qui les pratiquent. Mais c'était eux qu'il visait, les gens qui continuent de se prétendre primitivistes, etc. Je prétends que ça, c'est la raison qui l'a poussé à inventer quelque chose de nouveau qui s'appelle « communalisme ».

[...]

Bookchin a dit : « je ferme cette porte-là et pendant les derniers mois de ma vie j'en ouvre une autre. Je ne sais pas où je vais aller avec ça, mais je suis fatigué de tout cela[102]. »

Sur le fond, le choix était juste, mais il intervient bien trop tard. L'événement n'aura que peu d'impact. Et visiblement, bien peu sont ceux qui ont réellement pris acte de cette séparation avec l'anarchisme, voire même qui en ont eu connaissance. Malgré la volonté de Bookchin, ses idées demeurent liées à ce courant. Murray Bookchin a rejeté l'anarchisme, mais l'anarchisme n'a quelque part jamais avalisé sa démission.

La seule conséquence visible est que cette nouvelle rupture isole un peu plus le père de l'écologie sociale. Certains de ses partisans ne se reconnaissant pas dans ses récentes prises de position, tous ne l'ont ainsi pas forcément suivi dans cette voie. Au sein de l'écologie sociale, bon nombre continuent d'ailleurs à se dire anarchistes ou partisans de la pensée libertaire – et nombreux sont ceux qui ne font pas grand cas de cette question.

En comparaison, on remarque que si la contestation du marxisme dans les années 1960 avait été retentissante, elle était parvenue à fédérer autour d'elle. Celle contre la *deep ecology* également, mais déjà dans une moindre mesure. Le débat avec les anarchistes était peut-être la polémique de trop et celle qui fut la plus difficile à légitimer. Hors de l'écologie sociale, peu ont soutenu Bookchin dans ce débat et il n'a eu pour conséquence que de diviser et de susciter un rejet des idées qu'il représentait.

La fin de la vie de Murray Bookchin se montre ainsi difficile, pour lui comme pour ses idées. La réputation acquise dans les années 1960 et jusque dans les années 1980 par ses écrits optimistes et innovants a été ternie par cette trop grande succession

---

102. Tiré de la retranscription originale d'une entrevue de Dimitri Roussopoulos par Mimmo Pucciarelli. [Entrevue non publiée au moment de mettre sous presse].

de polémiques. Marquées par ces règlements de compte, ses nouvelles publications peinent à convaincre.

Sa grande renommée, Bookchin l'avait acquise avec des analyses détaillées sur la domination, le pouvoir et ses méfaits ou les promesses des éco-technologies. Une pensée qu'il avait matérialisée en un projet innovant, portant vers une utopie réelle : celle d'une société d'abondance, promouvant la liberté des citoyens et l'autodétermination. Les choses ont changé quand Bookchin s'est tourné plus largement vers la critique. Pourtant, il ne faut pas nier que le personnage ne manquait pas de courage quand il s'agissait de dénoncer, ni de clairvoyance pour trouver les failles d'une théorie. Mais en mettant tant d'énergie dans des croisades – nullement dénuées d'intérêt en soi, mais avec une agressivité, une insistance et une intensité démesurées dans le cas de la *deep ecology* et des anarchistes –, Bookchin a fini par perdre son public. À trop tirer sur la corde, celle-ci a fini par céder. L'équilibre qu'il entretenait entre le développement théorique, la proposition, l'apport de nouvelles idées – le constructif – face à la critique et la dénonciation s'est rompu à la fin des années 1980. Quand la voie critique a pris le dessus, elle s'est en quelque sorte retournée contre lui et a refermé les portes qu'il était parvenu à ouvrir. S'il y a un reproche à formuler à l'endroit de Bookchin, c'est que la grande connaissance qu'il avait acquise n'est pas parvenue à se transmettre autrement que par l'expression d'une critique implacable. Au lieu d'un partage ou d'une réflexion, ses textes prenaient la forme de dénonciations autoritaires et d'oppositions. Le ton en a énervé, effrayé, mais surtout lassé plus d'un, tous plus touchés par la forme du message que par le fond.

La mauvaise image qui en ressortira collera à la peau de Bookchin et il ne parviendra pas à s'en défaire complètement. Le milieu et la fin des années 1990 représentent une période très difficile pour lui : démoralisé et toujours plus atteint physiquement par la maladie, ses activités se réduiront assez fortement. Il met aussi officiellement fin à ses cours à l'ISE en 1996, tout en gardant un certain contact avec les étudiants, qu'il reçoit à son domicile pendant quelques années encore.

C'est finalement le 30 juillet 2006, à l'âge de 85 ans, que l'ancien pionnier de l'écologie engagée s'éteint, à la suite de graves problèmes cardiovasculaires.

Symboliquement, c'est cette même année 2006, peu avant sa mort, que le terrain occupé par l'ISE a été vendu, en raison de problèmes financiers. En effet, le nombre d'étudiants n'était jamais parvenu à atteindre un niveau suffisant pour permettre à l'Institut de fonctionner convenablement. Sa fermeture représente une autre page importante qui se referme pour l'écologie sociale.

Le décès de Murray Bookchin marque incontestablement la fin d'une époque pour l'écologie sociale qui se retrouve pour ainsi dire orpheline. De bien des façons, l'homme incarnait le mouvement, en représentait le moteur. Une question se pose à présent: que deviendra l'écologie sociale après lui? Il sera intéressant de le découvrir. L'homme laisse derrière lui une œuvre immense, largement méconnue. Un héritage qui désormais va devoir s'exprimer par d'autres voix.

CONCLUSION

Vivre sans romance sociale, c'est comme voir sans couleur.

Murray BOOKCHIN, *The Twilight Comes Early*

EN PORTANT UN REGARD sur l'ensemble de l'œuvre de Murray Bookchin, on peut reconnaître qu'il a su comprendre bon nombre des enjeux majeurs engendrés par le développement des sociétés capitalistes modernes. En étant l'un des premiers à intégrer la vision écologique comme enjeu politique et de société, en établissant clairement le lien direct entre le bien-être d'une société et de ses membres et celui de la nature, son travail a contribué à propulser ces questions sur le devant de la scène et au sein des milieux militants de gauche.

Mais son apport ne peut se limiter à celui-là. À travers son projet politique détaillé, Bookchin a cherché à faire rêver. Il avait cette ambition de développer un monde différent, une société libérée dédiée à l'épanouissement de ceux qui la composent. Dans cette optique, il a su positivement s'intéresser au *potentiel* de nos sociétés, à montrer la grande tension existante entre le réel et le possible. Sa ligne de mire était en quelque sorte le principe fort que l'on pourrait vivre mieux, que la vie a plus à offrir. Plutôt que de se limiter à la définition et à la critique des problèmes des sociétés, son œuvre s'est ainsi confrontée au défi difficile de la promotion d'un projet politique concret[1].

Pourtant, malgré ses qualités, l'important travail théorique de Bookchin n'est pas parvenu à convaincre au-delà de certains cercles. Que ce soit en raison de sa forte personnalité ou de ses idées politiques elles-mêmes, on a peu cru en lui. L'infuence de son héritage théorique est contesté, n'ayant jamais réellement percé à gauche et reposant « dans les marges de la vie intellectuelle[2] », comme le professe un ancien partisan. Sans doute en partie parce qu'il était anarchiste et qu'il l'a longtemps revendiqué. En cela, il s'inscrivait dans la marge du milieu intellectuel, avec ses nombreux *a priori*, ainsi que dans une certaine radicalité. Peut-être également parce qu'il a dû subir la dure loi des précurseurs. On sait qu'il faut du temps aux idées pour éclore. Depuis, des décennies se sont écoulées et, après un passage à vide, la promotion des discours écologistes et anticapitalistes, prônant l'avènement d'une autre démocratie, a pris un nouvel élan au tournant des années 2000. Un élan qui pourrait redonner aux idées de Bookchin une plus grande visibilité.

Il ne faudrait pourtant pas excessivement noircir le tableau. Bookchin est bel et bien parvenu à inspirer un grand nombre de personnes, qui ont repris ses idées, les ont développées et concrétisées de différentes manières[3]. Toutefois, il n'est jamais vrai-

---

1. Dimitri Roussopoùlos montre bien que « la nouveauté essentielle est qu'il est le seul anarchiste à nous donner un projet politique assez détaillé, avec son programme pour une municipalité. Aucun anarchiste avant lui n'a fait ça. C'est très malheureux que ce projet politique, qui n'inclut pas seulement le municipalisme libertaire mais bien l'écologie sociale dans son ensemble, n'ait pas fait l'objet d'un débat important chez les anarchistes ». Tiré de la retranscription originale de l'entrevue de Dimitri Roussopoulos par Mimmo Pucciarelli, *op. cit.* Un constat assez symptomatique de la scène radicale aujourd'hui. Les idées et les projets porteurs existent, mais ils sont généralement accueillis avec beaucoup plus de méfiance que de bienveillance ou d'enthousiasme. Cela s'est vu par exemple avec le projet d'économie participative de Michael Albert et Robin Hahnel, pour ne citer que cet exemple-là. Difficile d'apporter une explication à ce phénomène, mais il est sans doute à mettre en lien avec le fort sentiment de désillusion constaté au sein des milieux militants.
2. Chuck Morse, « Being a Bookchinite », *Perspectives on Anarchist Theory*, vol. 12, n° 1, 2010, <www.negations.net/being-a-bookchinite>.
3. En Scandinavie, notamment, Bookchin a connu de nombreux partisans. Ses théories ont inspiré le groupe politique Demalt (Demokratiskt Alternativ), militant en faveur de la démocratie directe et locale. Au Québec aussi, diverses

ment parvenu à trouver *son* public. Trop anarchiste et radical pour une majorité d'écologistes, trop démocratique et inflexible pour un grand nombre d'anarchistes, il évoluait entre différents milieux et hors des catégories standards. On le remarque aussi par ses écrits. Par leur complexité, ils ne pouvaient s'adresser qu'à un public d'universitaires – public qui n'était peut-être pas celui auquel Bookchin aurait préféré s'adresser en premier lieu et qui était également le premier à se lasser de ses prises de position acides et tranchées. Le fait qu'il ne soit pas parvenu à vulgariser sa pensée a sans doute joué pour beaucoup dans la diffusion restreinte de l'écologie sociale. Comme cela a été dit, d'autres personnalités, plus modérées et grand public, ont connu plus de succès en avançant des idées guère éloignées des siennes. À ce titre, l'important travail de vulgarisation entrepris par Janet Biehl à partir des années 1990 est à saluer. Il visait juste et a permis de faire connaître l'écologie sociale de façon plus large. Le mouvement aurait-il eu plus de succès si ce travail avait été entrepris plus tôt ? Peut-être, mais cela seul n'aurait sans doute pas suffi.

Une autre question à se poser est celle de savoir vers quoi se dirige l'écologie sociale aujourd'hui. Plusieurs éléments de réponse peuvent être apportés. La disparition de Bookchin va à coup sûr se traduire par une plus grande dissociation de l'homme et de son travail. On laissera de côté la question de sa personnalité, qui désormais appartient au passé, pour se consacrer à ce qui subsiste de l'œuvre, et notamment ses textes les plus pertinents. La discussion des thèses de Bookchin et leur approfondissement, mené conjointement avec d'autres théories modernes allant dans la même direction, représentent un développement qui pourrait occuper le mouvement durant les prochaines années et

initiatives comme celles du SODECM (Société de développement communautaire de Montréal) se sont inspirés de ses idées et il a exercé une influence déterminante sur des précurseurs de l'écologie politique comme Michel Jurdant. L'éditeur de ce livre doit lui-même son nom aux théories de Bookchin et l'Institut pour une écosociété, qui en est propriétaire, s'est directement inspiré de l'ISE lors de sa fondation. En France encore, pendant plusieurs années, un groupe politique nommé Écologie sociale (actif de 1993 à 2005) tenta de promouvoir des idées inspirées de celles de Bookchin. Le plus surprenant est sans doute l'impact qu'a eu l'écologie sociale en Turquie, notamment auprès des militants du PKK, le Parti kurde des travailleurs. Plusieurs tentatives de réalisations concrètes d'expériences municipalistes libertaires ont d'ailleurs eu lieu dans différentes régions du Kurdistan turc.

lui permettre de grandir, en élargissant ses perspectives. Un travail qui rejoint celui de Murray Bookchin lui-même. L'homme n'ayant pas forcément innové dans la plupart des propositions qu'il a avancées, si on les considère séparément. Mais il a su les combiner, les mettre en lien pour former un tout cohérent. Une voie dans laquelle il faudrait persévérer. Enfin, comme je l'ai dit, il faut sans doute s'attendre à une distanciation avec le théorique pour privilégier la recherche d'applications pratiques. Une tendance déjà amorcée depuis plusieurs années.

Dans la recherche d'un apport défini dans mon propos comme « constructif » plutôt que « défensif », l'écologie sociale – autant que le mouvement écologiste dans sa globalité – a beaucoup à gagner. Il faut retrouver cet aspect utopique et séduisant qui doit pousser vers l'action plutôt que de nous confiner dans l'opposition ou la résignation. Il existe un fort besoin d'apporter des propositions et des alternatives, de démontrer que le changement est possible, nécessaire et *dans notre intérêt* – que ce soit pour notre survie, notre bien-être, notre plaisir, notre développement personnel et social ou toute autre justification de cet ordre. Beaucoup s'entendent pour dire que, pour avoir lieu, le changement ne doit pas être considéré comme une privation, mais comme une libération, un apport différent mais plus grand. Cette volonté doit continuer à être mise de l'avant. Le grand défi repose sans doute dans la formulation de cet idéal.

Face à la crise écologique (réchauffement climatique, fin du pétrole, énergie nucléaire…), économique (absence de régulation des marchés, dérives de la finance, soumission des matières premières aux lois du marché international, accaparement des richesses du Sud…), sociale (affaiblissement des liens sociaux, mal-être au travail, divorces…), politique (abstentionnisme, pouvoir grandissant des multinationales, dérives vers le pouvoir de l'argent…) et de santé (stress, augmentation des troubles psychiques, cancers, dépressions…), l'écologie doit chercher à faire entrevoir un futur plus prometteur que notre présent – et, plus encore, le rendre accessible. Les enjeux ne manquent pas. Ils sont multiples, interconnectés, et devront être traités conjointement. Tout est à revoir.

Beaucoup pensent, à l'instar d'Arne Næss notamment, que la situation va empirer avant de pouvoir s'améliorer. Ce serait aujourd'hui – malheureusement – un passage obligé pour provoquer un éveil des consciences. Lui-même n'a d'ailleurs pas caché son espoir d'un monde meilleur, mais pour le XXIIe siècle[4]. Beaucoup d'écologistes partagent ce sentiment que le changement viendra sûrement d'une crise ou d'une catastrophe particulièrement grave[5]. Un aveu d'échec, tant il est triste, douloureux et même immoral de devoir passer par des drames pour engendrer un changement de cap. Surtout, un changement par la force ne manquera pas de laisser des traces et est annonciateur d'un avenir des plus incertains.

Bookchin laisse plus d'espoir. Sa proposition d'agir ici et maintenant est un enseignement précieux, et cela quels que soient les événements à venir. Car l'attente d'une catastrophe soudaine ou d'un soulèvement populaire spontané risque bien de mener à la désillusion : les hiérarchies et dominations, elles, savent très bien comment se reproduire et survivre au changement. Que notre siècle voit effectivement se développer des changements majeurs ou non, il faudra penser à relire Bookchin et les autres philosophes et intellectuels qui ont cherché à développer des systèmes politiques, économiques et sociaux alternatifs et s'inspirer de leurs idées. Car c'est bien aujourd'hui qu'il faut préparer le monde dans lequel nous voulons vivre.

---

4. Arne Næss, *Ecology, Community and Lifestyle*, *op. cit.*, p. 211 ; Arne Næss, « Deep Ecology for the 22nd Century », *in* George Sessions (éd.), *Deep Ecology for the 21st Century*, *op. cit.*, p. 463.
5. Il y a quelques réserves à apporter à ce point de vue. Après les crises et catastrophes majeures de ces dernières années, que ce soit le tsunami de 2004 en Indonésie, les inondations de la Nouvelle-Orléans en 2005, la crise financière de 2007-2008, le tremblement de terre ravageur à Haïti, l'importante marée noire découlant de l'explosion de la plate-forme pétrolière Deep Water Horizon en 2010, Fukushima en 2011, tous ces événements sont finalement vite oubliés pour un retour au *business as usual*, ou disons plutôt : les problèmes du quotidien. Prisonnier du court terme, notre monde a tendance à s'affranchir du passé.

ANNEXE I

Objections théoriques au municipalisme libertaire

Le municipalisme libertaire a soulevé un certain nombre de remarques. Sa première évocation en 1972 dans les pages d'*Anarchos* avait d'ailleurs donné lieu à une réponse d'une partie des membres du comité éditorial, annonçant qu'ils désapprouvaient cette publication.

C'est sous la plume du philosophe anarchiste américain John Clark qu'on retrouve les critiques les plus prolifiques sur le sujet, celles qui sont aussi les plus abouties. S'il n'est pas le seul à s'être prononcé sur la question, en tant qu'ancien proche de Bookchin il est un des rares à connaître en détails la théorie et à avoir cherché à en faire ressortir les questions de fond.

Au cœur du débat on retrouve une considération sur le système démocratique des assemblées populaires. L'argument de John Clark est « qu'il existe certains dangers bien connus des larges assemblées qui, selon toute vraisemblance, menaceraient également les assemblées municipales ou de quartiers. Parmi les problèmes qui émergent souvent, on retrouve la compétitivité, l'égotisme, les belles paroles et les envolées lyriques (*theatrics*), la démagogie, le leadership charismatique, l'opposition de factions opposées (*factionalism*), l'agressivité, l'obsession des détails de procédure, la domination des discussions par des minorités manipulatrices et la passivité de la majorité. » En dépit de ces obstacles, il reconnaît malgré tout que « le développement de l'esprit démocratique pourrait réduire certains de ces dangers », mais que, en retour, la taille des assemblées pourrait les aggraver[1]. Ces questions-là, les philosophes politiques en débattent depuis l'Antiquité. Et si la plupart de ces défauts sont indépendants de la structure démocratique elle-même, force est de constater qu'un tel cadre est particulièrement propice à leur expression.

Il existe en revanche des moyens pour atténuer les failles du système et ainsi permettre à la démocratie directe et confédérale de fonctionner de façon convaincante. Plusieurs pistes peuvent être suivies. En premier lieu, il est certain qu'instaurer la démocratie directe et la pratique des assemblées populaires ne suffit pas, il faut également changer tout le contexte culturel dans lequel elles s'inscrivent. La dissolution du pouvoir ainsi que la suppression de la compétition issue du modèle capitaliste devrait permettre de réduire fortement les enjeux personnels (enrichissement, prestige, etc.), sans toutefois ne jamais être en mesure de les éradiquer complètement. Cependant, en rendant caduque la quête de croissance et d'enrichissement, il est possible de développer une vision plus coopérative – recherchée autant par Clark que Bookchin –, qui valorise le bien commun. Mais c'est surtout par l'expérience continue de ce système, associée comme on l'a vu à un enseignement complet (notamment aux mécanismes du pouvoir et au fonctionnement de la manipulation rhétorique), qu'une véritable participation objective des citoyennes et citoyens peut se développer et leur permettre de résister à la manipulation et à la démagogie. Enfin, la force et la raison du nombre doivent permettre de prévenir les dérives de certains et, si cela ne suffisait pas, des institutions juridictionnelles et morales – à l'exemple de la Cour européenne des droits de l'Homme – pourraient rectifier certains écarts.

Reste que pour Clark, le mode de fonctionnement des municipalités en démocratie directe, opérant sous la forme d'une confédération est irréaliste. Notamment en raison de l'impossibilité

1. John Clark, « Municipal Dreams », *in Social Ecology After Bookchin*, *op. cit.*, p. 169.

d'obtenir un développement cohérent entre les municipalités au travers d'un système démocratique:

> Pour Bookchin, une «politique municipale» exige la «municipalisation de l'économie». [Bookchin, *Rise of Urbanization*, p. 262.] Mais comment les deux pourront-ils être combinés concrètement et démocratiquement? Les décisions concernant la production dans la municipalité entière doivent-elles être prises dans chaque voisinage ou comité de quartier? Comment les désaccords vont-ils être réglés? Comment une municipalité de quelques 50 000 personnes (la ville métropolitaine de Burlington, dans le Vermont, par exemple), d'un million de personnes (par exemple l'ensemble de La Nouvelle-Orléans) ou de plus de huit millions de personnes (la région parisienne) va-t-elle développer un plan économique unique et cohérent de façon démocratique? [...] Des délégués de centaines ou de milliers d'assemblées de quartiers ou de voisinages pourraient-ils arriver à un accord avec «des instructions rigoureuses» de leurs assemblées[2]?

Des doutes que l'on pourrait résumer ainsi: comment créer une cohérence (nécessaire) avec autant d'avis[3]? Il faut ici croire au modèle démocratique de prise de décision et en la volonté de la minorité d'accepter le choix de la majorité quand le processus de décision lui-même est reconnu comme juste et équitable. Et cela même si la décision finale ne correspond pas à leurs attentes. Les délégués se rendront aux assemblées de villes ou de régions, en tant que représentants des décisions émanant du niveau local et communal, et la décision finale se prendra à la majorité des voix. La cohérence serait ainsi assurée comme elle l'est aujourd'hui par les résolutions adoptées par l'assemblée des différents délégués mandatés. Avec des possibilités de tâtonnements, d'ajustements et de modifications successives des différents plans économiques, urbains ou autres, au fur et à mesure du développement de la cité.

2. John Clark, «The Politics of Social Ecology: Beyond the Limits of the City», version préliminaire d'une conférence prononcée à Dunoon, en 1995, p. 17, non publié. Passage partiellement reproduit dans «Municipal Dreams», *op. cit.*, p. 173.
3. Ces questions ont souvent été discutées. Voir Janet Biehl, *Le municipalisme libertaire*, *op. cit.*, p. 239-240, 250-253. Pour d'autres propositions sur ces questions, voir Takis Fotopoulos, *Pour une démocratie générale*, *op. cit.*, p. 196-200. Voir aussi pour une plus large réponse à Clark, Takis Fotopoulos, «Social Ecology, Eco-Communitarianism and Inclusive Democracy», *op. cit.*

Bien sûr, rien ne garantit que le choix de la majorité sera le meilleur ou le mieux adapté à une situation donnée. Répétons-le, la majorité n'apporte qu'une légitimité à un choix. Les seules garanties qu'offre le système, c'est que chacun aura l'occasion de se prononcer et qu'il pourra exercer ce droit librement, en connaissance de cause et de façon équitable par rapport aux autres. À nouveau, satisfaire tout le monde est impossible. Par contre, les perdants des votations doivent conserver la possibilité de faire entendre leur avis et de convaincre.

La critique théorique la plus sérieuse et récurrente sur le municipalisme libertaire porte sur le choix de la commune comme sphère politique et sociale adéquate pour initier un mouvement de transformation de la société. Les considérations sur le potentiel de la commune et de ses habitants, telles qu'articulées par l'écologie sociale, apparaissent pour certains anarchistes très artificielles, surtout lorsqu'elles sont confrontées à la réalité actuelle. John Clark réfute tout rôle politique réel joué par ce cadre institutionnel aujourd'hui et ne décèle rien de tangible portant à croire qu'il constitue une base viable favorisant l'instauration d'institutions libératrices[4]. À ses yeux, Bookchin s'est retrouvé prisonnier de son modèle, inspiré de la démocratie athénienne, qu'il cherchait à appliquer dans un contexte qui n'offrait pas les conditions préalables nécessaires à sa mise en place. Cette remarque est fondée (cette forme d'autogestion communale représente un but à atteindre et, effectivement, on en est loin, cela nul ne le conteste), mais elle n'implique pas que l'effort ne devrait pas aller dans ce sens.

Seulement, dans le discours de John Clark, ce n'est pas exactement le cadre de la municipalité qui est remis en question. En effet, Clark lui-même promeut le concept de « réseau de petites communautés rattachées à une biorégion et qui pourraient être reliées entre elles en une synthèse du village et de l'urbain[5] ». Un système qui ne paraît guère différent de l'image large de la commune utilisée par Bookchin. Le désaccord porte véritablement sur *l'institutionnalisation* du système : Bookchin intègre une composante politique communautaire à sa vision. L'assemblée

4. John Clark, « Municipal Dreams », *op. cit.*, p. 160.
5. John Clark, « The Politics of Social Ecology », *op. cit.*, p. 21.

des citoyens doit décider de l'ensemble de ce qui concerne son territoire. Alors que Clark réfute toute gestion publique des affaires politiques à l'échelle de la commune.

L'alternative généralement proposée, et suivie par Clark, consiste en un modèle anarchiste plus autonome, où les décisions ne seraient pas centralisées au sein d'assemblées populaires, mais dissoutes dans différents organes spécialisés, liés à une tâche précise et confédérés entre eux. Assemblées d'entreprise, groupements de quartiers, toutes les composantes de la société se verraient associées sous contrôle privé, mais autogérées et sans organe assurant leur cohérence ou proposant une conduite commune à suivre. Le renversement du système actuel surviendrait dès lors, toujours selon Clark, non pas sous la pression de collectivités publiques communales, mais à la suite d'une multitude d'initiatives individuelles, cumulées les unes aux autres, émanant de membres de la société civile, issus par exemple des coopératives, des sociétés autogérées, etc. Il s'agit donc de promouvoir, par l'exemple, l'autogestion démocratique dans des structures privées existantes tout en cherchant à propager le modèle.

Une vision, comme le rappelle Clark, dont Bookchin faisait la promotion dans ses textes des années 1970[6]. Mais une vision sur laquelle Bookchin a surtout déchanté ; tout comme bien d'autres d'ailleurs. Cela sous l'argument que ces groupes, aussi utiles et nécessaires qu'ils soient dans l'optique de soutenir un changement radical, sont par définition inclus dans le système capitaliste et d'économie de marché et n'ont pas pour but (ni ne disposent des moyens) de les remettre en cause sans se condamner eux-mêmes. Alors que la commune, par son assise institutionnelle justement, aurait de meilleures chances d'aboutir selon Bookchin. Et l'espoir de parvenir à un fonctionnement coopératif plutôt que compétitif avec autant d'acteurs séparés semble plus mince encore que dans un système public, qui les réunit sous forme de communes.

6. Clark cite notamment « Spontanéité et organisation » et « Toward a Vision of Urban Future ». John Clark, « The Politics of Social Ecology », *op. cit.*, p. 2 ; « Municipal Dreams », *op. cit.*, p. 144-145 – sur cette question, voir aussi p. 155, 163-164.

En définitive, les différentes remarques théoriques soulevées ont surtout mis en lumière les nombreuses inconnues et questions qui demeurent sur la pratique même du municipalisme libertaire. On s'interroge sur la façon de garantir l'application de la volonté populaire, sur ce qu'il se passerait si des communes cherchaient à rompre avec la gestion communautaire confédérale, sur la manière effective de gérer les ressources et la production de biens, etc. Il manque de réponses à ces questions. Dans une certaine mesure, nous avons atteint les limites de ce que la recherche théorique peut apporter et c'est dans la direction de l'expérimentation qu'il faut chercher à avancer. La théorie, comme le déclare Takis Fotopoulos, ne peut « qu'explorer des possibles : c'est la *praxis* sociale qui donnera un contenu concret à la nouvelle forme d'organisation de la société[7] ».

7. Takis Fotopoulos, *Pour une démocratie générale*, *op. cit.*, p. 209.

Annexe 2

La philosophie de l'écologie sociale

> *Cet ensemble d'idées que je soumets nous donne les bases pour une éthique écologique qui voit l'émergence de la reconnaissance de soi* [selfhood], *de la raison et de la liberté de la nature – et non en forte opposition avec la nature.*
>
> Murray Bookchin,
> *Rethinking Ethics, Nature, and Society*

Pour l'écologie sociale, l'être humain n'est pas un animal comme les autres. Bookchin l'a longtemps défendu dans ses écrits par la mise en évidence de l'existence chez l'homme d'une *seconde nature*[1]. En tant qu'être conscient, l'espèce humaine est à considérer comme un membre particulier du monde naturel. Elle en retire la capacité de transformer radicalement le monde plutôt que seulement s'y adapter. Mais aussi toute la responsabilité qui en découle.

Volet théorique important, et surtout développé sur le tard par Bookchin, la philosophie de l'écologie sociale découle en quelque sorte de cette vision portant sur les différentes natures qui composent l'être humain. Dans ce schéma, la « première

1. Le concept de première et seconde nature n'est pas propre à l'écologie sociale. On le retrouve dans plusieurs autres théories sociales. Son origine remonterait aux plus anciennes philosophies occidentales (voir Murray Bookchin, *The Ecology of Freedom*, *op. cit.*, p. 22-23).

nature » représente tout ce qui est du ressort de l'instinct au sens large et comprend notamment l'impératif de survie et les sentiments. Elle représente l'aspect « animal », celui que l'on retrouve chez l'ensemble des espèces et que l'être humain partage avec chacune d'elles. Ce qui nous différencie en revanche, c'est notre seconde nature, celle que nous sommes seuls à posséder de façon aussi développée et qui précisément nous caractérise. Cette nature est avant tout sociale et culturelle : elle rassemble notre capacité à nous regrouper, à faire preuve de solidarité, à nous organiser en société, à créer, à pratiquer la culture et les arts, etc., et ce, en ayant pleinement *conscience* de le faire. Des éléments qu'on ne retrouve chez aucune autre espèce animale, si ce n'est à l'état embryonnaire[2].

Selon Bookchin, cette seconde nature est le produit de l'évolution : « Et loin d'être "non naturelle", la seconde nature de l'homme est vraiment une création de l'évolution organique de sa première nature[3]. » Elle n'est pas considérée comme à part, artificielle, négative ou moins importante. La première nature se fond dans la seconde, pour ensemble former un tout.

Dans son article « Thinking Ecologically » de 1987, Bookchin explique que c'est en développant les valeurs de liberté, de raison et d'éthique (que l'on pourrait considérer comme les valeurs clés de l'écologie sociale, héritées directement de l'idéal humaniste des Lumières) et en les intégrant à la seconde nature de l'être humain que l'on pourrait obtenir une société véritablement libre et écologique. Pour parvenir à une telle société, l'être humain doit développer une certaine conscience de ses actes. Ce développement donnerait lieu à une humanité mettant en application ce que Bookchin appelle la *self-reflexivity* : ses membres se montreraient réfléchis, conscients de leurs actions et de leurs conséquences, donc responsables de leurs choix. Ce qui équivaut, en d'autres termes, à pousser à l'autocritique, à savoir se remettre

---

2. On peut y voir une ressemblance, parfois, avec certains animaux évoluant en bandes ou s'organisant selon un modèle hiérarchique, mais ce sont des exceptions rares, sans commune mesure dans leur ampleur ou dans leurs conséquences avec ce qui s'observe dans les sociétés humaines. Voir à ce sujet Brian K. Murphy, *De la pensée à l'action*, Montréal, Écosociété, 2001, chapitre 4.
3. Murray Bookchin, « What is Social Ecology ? », *op. cit.*, p. 358.

constamment en question dans le but de chercher à évoluer et à s'améliorer. Une telle conscience permettrait à chacune et chacun de faire des choix rationnels, replaçant l'expression de ses besoins humains dans une relation d'interdépendance avec la nature.

Mais pour ce faire, la société imaginée par l'écologie sociale doit nécessairement être guidée par des valeurs morales dépassant le profit, la possession et l'intérêt individuel promus par le capitalisme. Une véritable éthique de société doit nous permettre d'avancer dans notre développement, en direction d'une société écologique, libre et égalitaire. Un outil indispensable aujourd'hui, compte tenu de la capacité de création et de destruction de l'être humain et des imposants moyens technologiques – et guerriers – que nous avons choisi d'élaborer. Et Bookchin a poussé en ce sens ses recherches d'une éthique écologique objective à laquelle il donne le nom de *naturalisme dialectique*.

Les premiers traits de ce développement sont posés dans *The Ecology of Freedom*, mais le thème occupe surtout Bookchin à partir de la fin des années 1980. Une période où le débat avec la *deep ecology* et l'écoféminisme s'engage aussi dans une large discussion philosophique autour de l'existence, et de la nature, d'une éventuelle éthique environnementale. Bookchin y consacrera plusieurs articles qu'il réunit en 1990 dans le recueil *The Philosophy of Social Ecology*. Un terrain de recherche qui le place en lien direct avec les travaux de Kropotkine sur l'entraide, avec la même intention de montrer l'importance de celle-ci au sein des sociétés humaines et à travers l'évolution. Mais l'approche est différente. Alors que Kropotkine se basait beaucoup sur des observations et des exemples concrets, Bookchin porte davantage ses recherches sur des éléments philosophiques, soutenus par des faits scientifiques récents (notamment au niveau de la biologie).

Sans être directement lié à son application politique, le naturalisme dialectique apporte à l'écologie sociale une nouvelle perspective venant appuyer ses idées et pouvant déboucher sur des réalisations politiques. Guère aisée à comprendre et maîtriser, on peut tenter de vulgariser cette pensée à travers certains éléments principaux qui permettent d'en appréhender le rôle et les principes.

Ce qui pousse Bookchin à croire à l'existence possible d'une éthique objective est la capacité de l'être humain, à la différence des autres animaux, de dépasser l'instinct, de pouvoir faire ses choix selon des principes définis par lui seul. Les femmes et les hommes sont aptes à dépasser leurs intérêts personnels pour suivre des valeurs dictées par d'autres impératifs. « Le problème, explique Bookchin, est donc de trouver une éthique objective, pour laquelle les choses sont bien ou mal indépendamment de ce que les gens pensent[4]. » Car aujourd'hui, « [en] réduisant l'éthique à une simple question d'opinion et de goût, ou à peine plus, l'instrumentalisme a dissout toute contrainte morale et éthique sur l'imminente catastrophe qui semble attendre l'humanité. Les jugements ne sont plus formés au vu de leurs mérites intrinsèques ; ils ne sont que de simples questions de consensus publics qui fluctuent avec les besoins et les intérêts particuliers volatils[5]. »

Mais la question centrale reste bien de déterminer quel serait ce facteur éthique *objectif* fiable sur lequel appuyer ses choix. Comme le précise Bookchin, « face à une société et une sensibilité toujours plus technocratiques, sur quelles assises pouvons-nous parler d'un monde objectif qui apporterait les contraintes nécessaires à l'instrumentalisme ? De quelle source pouvons-nous tirer les valeurs et les buts qui vont soumettre l'instrumentalisme à une éthique objective[6] ? »

La réponse qu'apporte Bookchin se fait en deux temps. Se situant dans un héritage intellectuel initié par des dialecticiens comme Aristote et Marx, mais s'inspirant plus particulièrement d'Hegel, son naturalisme dialectique tient compte des potentiels et de leur réalisation, ou non, comme critères objectifs pour juger le réel. Autrement dit, « le "ce qui devrait être" devient un critère éthique pour juger de la réalité ou de la validité d'un "ce qui est" objectif[7] ». Une gymnastique mentale qui pousse à

4. Entretien de Murray Bookchin avec Mimmo Pucciarelli, « Écologie oui, mais sociale », *op. cit.*, p. 21.
5. Murray Bookchin, *The Ecology of Freedom*, *op. cit.*, p. 363.
6. *Ibid.*
7. Murray Bookchin, *The Philosophy of Social Ecology*, *op. cit.*, p. 24. À noter qu'il a été reproché à Bookchin de trop mélanger « ce qui pourrait être » et « ce qui devrait être » (Robyn Eckersley, « Respecting Evolution : A Rejoinder to Bookchin », *in* Andrew Light (éd.), *Social Ecology After Bookchin*, *op. cit.*, p. 82-83). Bookchin éclaircit les deux propos en expliquant que le « pourrait être » rend compte des possibles mais que seul le « devrait être » est « une

dépasser le contexte actuel pour donner de l'importance aux possibilités, aux devenirs éventuels et à la réalisation des potentiels latents.

Pour Bookchin, on ne peut pas rester indéfiniment en tension avec son potentiel. Tout potentiel tend à s'accomplir et cette réalisation est mesurable empiriquement. La réalité étant incomplète, le but de la raison dialectique est donc d'explorer les possibles et d'amener le « ce qui devrait être » éthique à se réaliser afin de rendre plus réel et valable le « ce qui est », c'est-à-dire la réalité présente. Un processus d'ailleurs sans fin, car de nouveaux potentiels sont toujours en création.

En second lieu, Murray Bookchin se base sur l'observation du fonctionnement de la nature et de son évolution. À la lumière de notre développement humain, l'évolution est porteuse d'un message objectif, virtuellement porteur d'un sens éthique dont l'être humain peut s'inspirer. « Je ne parle nulle part d'une "éthique dans la nature" », précise-t-il bien, car la nature n'a elle-même rien d'éthique, « mais plutôt d'une nature qui sert de base pour une éthique humaine[8] ». Bookchin montre ainsi comment la nature, dans son évolution, présente de façon objective (car observable et prouvée par des exemples concrets, même si la communauté scientifique n'est pas unanime à ce sujet) une inclination pour la coopération (mise en avant par Kropotkine) et la diversité. En suivant le processus évolutif, la nature s'est développée au cours de l'évolution selon un processus dialectique « caractérisé par sa tendance vers des niveaux toujours plus élevés de différenciation, de conscience et de liberté[9] ». Elle s'est *diversifiée* et *complexifiée*, allant du simple au complexe, et forme ainsi bien plus « qu'un simple ensemble formel dont la vie a besoin pour sa propre stabilité et sa survie[10] ». Ce n'est pas un processus conscient en direction d'un but déterminé. Il n'est donc pas réellement téléologique, pour reprendre le terme scientifique, mais il est à prendre comme un développement naturel,

---

extrapolation éthique des potentialités individuelles et sociales ». (« Thinking Ecologically », note 24, *in The Philosophy of Social Ecology*, *op. cit.*, p. 145.)

8. Murray Bookchin, « Recovering Evolution : A Reply to Eckersley and Fox », *Environmental Ethics*, vol. 12, n° 3, 1990, note 9.
9. Chaia Heller, *Désir, nature et société*, *op. cit.*, p. 190.
10. Murray Bookchin, *The Ecology of Freedom*, *op. cit.*, p. 370.

favorisé parce qu'il est profitable aux diverses composantes concernées[11].

Ainsi, une éthique dérivée de ces principes pourrait nous permettre de distinguer lesquelles de nos actions servent le cours de l'évolution et lesquelles l'entravent[12]. Avec toujours cette volonté de dépasser la subjectivité et de demeurer ancré dans des faits vérifiables. Parmi ces facteurs clés de l'évolution est à retenir le fonctionnement organique de la nature (où chaque élément s'insère naturellement au sein du tout et y participe activement), qui a su promouvoir l'unité au sein de la diversité. Le principe d'unité dans la diversité (deux termes nullement en contradiction) est repris par l'écologie sociale pour promouvoir une société dont les composantes distinctes se retrouvent liées entre elles pour former une société organique stable et diversifiée. Selon Bookchin, « [l]'unité dans la diversité [...] n'est pas seulement le facteur déterminant pour la stabilité d'un écosystème; c'est la source de la fécondité, de la capacité d'innovation, du potentiel évolutionnaire d'un écosystème à créer le nouveau, même dans les zones les plus inhospitalières de la planète[13]. »

---

11. Il est important d'ailleurs de rappeler que ce développement « naturel » se voit aujourd'hui mis en danger. Pour Bookchin, « l'homme est en train de défaire l'œuvre de l'évolution du vivant. En créant de vastes agglomérations de ciment, de métal et de verre, en dévastant ou en minant les écosystèmes complexes et subtils qui constituent toute la diversité locale du monde naturel, bref en remplaçant un environnement organique et complexe par un environnement inorganique et simplifié, l'homme est en train de démonter la pyramide biotique qui l'a porté durant d'innombrables millénaires. Lorsqu'il remplace les liaisons écologiques complexes dont dépendent tous les êtres vivants supérieurs par des liaisons plus élémentaires, l'homme ramène peu à peu la biosphère à un stade qui ne permettra plus que la survie d'êtres vivants beaucoup plus simples. Si ce grand renversement du processus évolutif devait se poursuivre, il n'est nullement fantaisiste de penser que les conditions qui permettent les formes supérieures de vie seront détruites à jamais et que la Terre ne sera plus en mesure d'assurer la survie de l'espèce humaine. » (Murray Bookchin, « Écologie et pensée révolutionnaire », *op. cit.*, p. 152-153) Une tendance à l'uniformisation qui forme un des principaux problèmes sociaux actuel dont on commence seulement à cerner l'importance (voir le sous-chapitre « Une humanité malade » dans cet ouvrage). À noter la différence faite par Bookchin entre *compliqué* et *complexe*, le premier désignant négativement ce qui est inutilement incompréhensible alors que le second est à prendre dans le sens positif de « diversité ».
12. Murray Bookchin, *The Ecology of Freedom*, *op. cit.*, p. 442.
13. Murray Bookchin, « What is Social Ecology ? », *in The Modern Crisis*, *op. cit.*, p. 58. On reprochera néanmoins à Bookchin d'avoir promu le principe d'unité

En cherchant à légitimer cette éthique dans la nature, en y recherchant un « message moral » à travers les caractéristiques de son évolution, Bookchin a fait preuve d'une certaine audace que certains commentateurs n'ont pas hésité à qualifier de présomptueuse. Le terrain est en effet très glissant tant les questions de l'évolution suivent des principes pour le moins complexes et difficiles à déterminer. Bien que les développements modernes des théories de l'évolution semblent prouver cette progression vers la complexité[14], beaucoup ont émis des réserves quant à l'idée même de déterminer des valeurs morales à partir de faits[15]. C'est toute la difficulté de faire dériver un « c'est » (les faits observables) vers un « ce qui devrait être » (le domaine des valeurs). De même, des contre-exemples existent, comme celui des espèces évoluant vers une spécialisation, ce qui entraîne une perte d'autonomie, ou des schémas dans lesquels une plus grande diversité n'apporte pas forcément plus de stabilité ou de coopération. Certains font également remarquer qu'avec sa mise en avant de la diversité et de la coopération, Bookchin se concentre finalement sur les aspects positifs de la nature. D'autres, bien peu éthiques, pourraient sans doute être légitimés de la même manière. En d'autres termes, poussé dans ses extrêmes, le naturalisme dialectique n'apporte pas toutes les garanties positives voulues par son auteur[16].

Le développement du naturalisme dialectique soulève ainsi beaucoup de questions. Derrière les remarques sur la possibilité d'une éthique objective, c'est un peu le projet des Lumières elle-

dans la diversité dans ses écrits sur l'écologie, mais de l'avoir lui-même peu appliqué concrètement.

14. Selon Glenn Albrecht, « la croissance de la complexité et de la diversité au sein de la nature n'est pas une simple affirmation philosophique, elle est soutenue par les meilleures évidences scientifiques disponibles aujourd'hui ». (Glenn A. Albrecht, « Ethics and Directionality in Nature », *in* Andrew Light (éd.), *Social Ecology after Bookchin*, *op. cit.*, p. 102.)

15. Robyn Eckersley et Sonja Schmitz ont notamment avancé qu'il était préférable de promouvoir ces mêmes valeurs sans chercher à les ancrer dans l'évolution naturelle, sujet vu comme trop incertain (Sonja Schmitz, « Buttercups and Sunflowers, on the Evolution of First to Second Nature », *Harbinger*, vol. 3, n° 1, 2003 ; Robyn Eckersley, « Respecting Evolution : A Rejoinder to Bookchin », *in* Andrew Light (éd.), *Social Ecology after Bookchin*, *op. cit.*).

16. Voir Andy Price, *Recovering Bookchin*, *op. cit.*, pour une réponse développée à ces remarques.

même, l'idée de création d'une société humaine rationnelle et guidée par des valeurs morales bien implantées dans les consciences, qui ressort et qui aujourd'hui peine à convaincre. L'utopie voulant voir des êtres humains soutenus dans leurs choix existentiels par une éthique est-elle crédible alors que nos sociétés semblent s'en écarter toujours plus ? L'idéal pur que porte Bookchin sur cette société réfléchie, cette société qui « pourrait être » face à celle « qui est », joue clairement son rôle de réflexion théorique, expliquant sa vision de la nature et montrant la possibilité objective de réaliser une société écologique et rationnelle. Mais y trouver une voie vers sa réalisation concrète pose d'autres problèmes. Néanmoins, le naturalisme dialectique et le discours politique de Bookchin représentent chacun une facette d'une même médaille. Il faut clairement les comprendre comme des aspects complémentaires d'une même pensée.

En soi, le naturalisme dialectique est demeuré un développement connexe peu connu dans l'œuvre de Bookchin – sans doute là encore en raison de la grande complexité des textes le décrivant. Il représente un des secteurs théoriques que Bookchin a ajouté à l'écologie sociale pour la développer, lui donner plus de poids et une cohérence plus large. Une intention louable. Mais sur le naturalisme dialectique comme sur d'autres développements, plusieurs scientifiques critiques ont exprimé leur scepticisme. Pour certains, Bookchin a vu ce qu'il voulait voir et a interprété d'une façon plutôt libre les faits observés. Il lui a d'ailleurs été reproché d'avoir trop cherché des fondements historiques ou scientifiques à ses théories plutôt que de les promouvoir pour leur seul bon sens. Bookchin ne prétendait pas écrire des ouvrages scientifiques, mais le mélange entre ses références scientifiques et ses aspirations militantes n'a pas toujours fait bon ménage aux yeux des spécialistes. Surtout lorsque cela se traduit par des affirmations sujettes à caution au sein de domaines contestés, donnant lieu à de nombreuses conjectures.

On aurait malgré tout tort de dénigrer le naturalisme dialectique ou le limiter à un simple jeu intellectuel de philosophie abstraite. L'enjeu qu'il sous-tend est important. Comme mentionné à maintes reprises dans cet ouvrage, une nouvelle société ne peut qu'être le fruit d'un changement de pensée, de valeurs et de base morale. Sans cela, l'exercice risque fort de se conclure par un échec. Changer la société demande de changer le paradigme socioéconomique et culturel qui la détermine, elle-même ainsi que les hommes et les femmes qui la composent et la reproduisent constamment. Si l'écologie sociale fonde l'éducation civique sur la pratique de la politique, la fameuse *paideia* dont il a été fait mention, l'éducation morale passe par d'autres aspects, notamment par cette définition – non individuelle et non soutenue par une croyance uniquement – des valeurs que doit porter et promouvoir la société. En cela, le naturalisme dialectique marque peut-être une ouverture qui demande à être plus profondément explorée, tout en gardant en tête ses limitations et ses garde-fous.

Remerciements

À Karel Bosko, pour m'avoir fait connaître un certain Murray Bookchin et son écologie sociale.

Qu'il soit remercié une seconde fois, en compagnie d'Aline Helg, Matthias Finger et Jacques Grinevald, pour leur suivi et leurs conseils dans le cadre de mon travail d'étude, ainsi que pour m'avoir encouragé à poursuivre.

Je dois encore remercier Mimmo Pucciarelli, Janet Biehl et l'ensemble de l'équipe du CIRA de Lausanne pour leur accueil et plus encore pour l'ensemble des informations et documents transmis qui ont rendu possible la réalisation de ce travail. Et, par extension, je salue les différents écologistes sociaux rencontrés ici et là et avec qui j'ai eu l'occasion de m'entretenir. Une part de chacun se retrouve dans ce livre.

À toute l'équipe des Éditions Ecosociété pour la confiance qui m'a été accordée.

À Muriel Ernandes, enfin, pour son intérêt et son soutien durant ces années de rédaction. Chacun sa grossesse, mais les deux naissances furent largement partagées.

Bibliographie sélective[1]

Ouvrages de Murray Bookchin

BOOKCHIN, Murray. [pseud. Lewis HERBER]. *Our Synthetic Environment*, New York, Alfred A. Knopf, 1962.

BOOKCHIN, Murray. [pseud. Lewis HERBER]. *Crisis in Our Cities*, New York, Alfred A. Knopf, 1965.

BOOKCHIN, Murray. *Post-Scarcity Anarchism*, San Francisco, Ramparts Press, 1971 ; Londres, Wildwood House, 1974.

BOOKCHIN, Murray. *The Limits of the City*, New York, Harper & Row, 1974.

BOOKCHIN, Murray. *Pour une société écologique*, Paris, Christian Bourgois éditeur, 1976.

BOOKCHIN, Murray. *The Spanish Anarchists : The Heroic Years 1868-1936*, New York, Free Life Editions, 1977.

BOOKCHIN, Murray. *Toward an Ecological Society*, Montréal, Black Rose Books, 1980.

BOOKCHIN, Murray. *The Ecology Of Freedom : The Emergence and Dissolution of Hierarchy*, Palo Alto, Cheshire Books, 1982 ; Oakland, A.K. Press, 2005.

BOOKCHIN, Murray. *The Modern Crisis*, Philadelphia, New Society Publishers, 1986.

1. L'édition, dont sont issues les citations et les numéros de pages, est indiquée en deuxième si elle ne correspond pas à l'originale. Pour une bibliographie complète des ouvrages de Bookchin, voir celle réalisée par Janet Biehl sur : <http ://dwardmac.pitzer.edu/Anarchist_archives/bookchin/biehlbiblio.html>.

BOOKCHIN, Murray. *The Rise of Urbanization and the Decline of Citizenship*, San Francisco, Sierra Club Books, 1987. [Cet essai a aussi été publié sous le titre *Urbanization Without Cities* (Montréal, Black Rose Books, 1992) et *From Urbanization to Cities* (Londres, Cassell, 1995).]

BOOKCHIN, Murray. *Une société à refaire*, Lyon, Atelier de création libertaire, 1992; Montréal, Écosociété, coll. « Retrouvailles », 2010 [1993], trad. de *Remaking Society*, Montréal, Black Rose Books, 1989.

BOOKCHIN, Murray. *The Philosophy of Social Ecology: Essays on Dialectical Naturalism*, Montréal, Black Rose Books, 1990; 1994 (2e éd.).

BOOKCHIN, Murray et Dave FOREMAN. *Quelle écologie radicale? Écologie sociale et écologie profonde en débat*, Lyon, Atelier de création libertaire, 1994; trad. de *Defending the Earth: A Dialogue between Murray Bookchin and Dave Foreman*, Boston, South End Press, 1991.

BOOKCHIN, Murray. *To Remember Spain: The Anarchist and Syndicalist Revolution of 1936*, Oakland, A.K. Press, 1994.

BOOKCHIN, Murray. *Re-Enchanting Humanity*, Londres, Cassell, 1995.

BOOKCHIN, Murray. *Social Anarchism or Lifestyle Anarchism, An Unbridgeable Chasm*, Oakland, A.K. Press, 1995.

BOOKCHIN, Murray. *The Third Revolution: Popular Movements in the Revolutionary Era* (4 volumes), Londres, Cassell (tomes 1 et 2), Continuum International Publishing Group Ltd (tomes 3 et 4), 1996-2005.

BOOKCHIN, Murray. *Anarchism, Marxism and the Future of the Left: Interviews and Essays, 1993-1998*, Oakland, A.K. Press, 1999.

BOOKCHIN, Murray (avec la collaboration d'Eirik EIGLAD). *Social Ecology and Communalism*, Oakland, A.K. Press, 2007.

Une large sélection d'articles de Murray Bookchin peuvent être consultés librement sur Internet sur les sites de l'Institute for Social Ecology, <www.social-ecology.org>, et Anarchy Archives, <http://dwardmac.pitzer.edu/anarchist_archives/>. Pour des traductions en français, voir le portail francophone de l'écologie sociale: <www.ecologiesociale.ch>.

Écologie sociale

BARTLING, Hugh. « Murray Bookchin: "Revolutionary Anarchist" of the City », University of Kentucky, Advanced Seminar in Policy Studies: Sustainable Urban Design, 1996.

BIEHL, Janet. *Rethinking Ecofeminist Politics*, Boston, South End Press, 1991.

BIEHL, Janet (éd.). *The Murray Bookchin Reader*, Londres, Cassell, 1997; Montréal, Black Rose Books, 1999.

BIEHL, Janet (avec la collaboration de Murray BOOKCHIN). *Le municipalisme libertaire: la politique de l'écologie sociale*, Montréal, Écosociété,

1998 ; trad. de *The Politics of Social Ecology : Libertarian Municipalism*, Montréal, Black Rose Books, 1998.

BIEHL, Janet. « Murray Bookchin Obituary », *Burlington Free Press*, 31 juillet 2006.

BIEHL, Janet. « Bookchin Breaks with Anarchism », *Communalism*, n° 12, 2007.

BIEHL, Janet. « Bookchin's Originality », *Communalism*, n° 14, 2008.

BIEHL, Janet et Murray BOOKCHIN. « A Critique of the Draft Program of the Left Green Network », *Green Perspectives*, n° 23, 1991.

BIEHL, Janet et Murray BOOKCHIN. « Social Ecology International Reports », *Green Perspectives*, n° 28, 1993

BLACK, Bob. *Withered Anarchism : A Surrebuttal to Murray Bookchin*, Columbia, C.A.L. Press, 2006.

BOURSIER, Philippe et Philippe CHAILAN. « Le choix de l'écologie sociale », La-Roche-sur-Yon, *Arguments pour une écologie sociale*, Hors-série, n° 1, 2000.

CAHILL, Tom. « Murray Bookchin (1921-2006) », *Réfractions*, n° 18, 2007.

CAPLAN, Michael *et al.* « Education and Community Action : A History of the Institute for Social Ecology's Programs », *Harbinger*, vol. 3, n° 1, 2003.

CAPLAN, Michael. « Radical Alternatives : An interview with Ingrid Young », *Harbinger*, vol. 3, n° 1, 2003.

CHAILAN, Philippe. « Esquisse d'un projet d'écologie sociale », *Arguments pour une écologie sociale*, nos 33-34, novembre 1999.

CLARK, John [Pseud. Max CAFARD]. « The Surre(gion)alist Manifesto », *Mesechabe* 4/5, 1989.

CLARK, John (éd.). *Renewing the Earth : The Promise of Social Ecology*, Londres, Green Print, 1990.

CLARK, John. « The Politics of Social Ecology : Beyond the Limits of the City », version préliminaire d'une allocution prononcée à la conférence de Dunoon, 1995, non publié.

CLARK, John. « Une écologie sociale », *Réfractions*, n° 2, 1998.

EIGLAD, Eirik. « Bases for Communalist Programs », *Communalism*, n° 6, mars 2003.

EINARSSON, Peter. « La ville de mes rêves », interview de Murray Bookchin, *MA !*, nos 8-9, septembre 1986.

ENCKELL, Marianne. « Un renouveau de la théorie », *Bulletin du CIRA*, n° 24, 1972.

FOTOPOULOS, Takis. « The Economic Foundations of an Ecological Society », *Society & Nature*, vol. 1, n° 3, 1993.

FOTOPOULOS, Takis. « The Transition to the Ecological Society : an Interview by Takis Fotopoulos », *Society & Nature*, vol. 1, n° 3, 1993.

FOTOPOULOS, Takis. « Social Ecology, Eco-Communitarism and Inclusive Democracy », *Democracy & Nature*, vol. 5, nº 3, 1999.

FOTOPOULOS, Takis. *Vers une démocratie générale*, Paris, Seuil, 2002.

HAWKINS, Howard. « North American Greens Come of Age : Statism vs Municipalism », *Society & Nature*, vol. 1, nº 3, 1993.

HELLER, Chaia. *Désir, nature et société : l'écologie sociale au quotidien*, Lyon/Montréal, Atelier de création libertaire/Écosociété, 2003 ; trad. de *Ecology of Everyday Life : Rethinking the Desire of Nature*, Montréal, Black Rose Books, 1999.

LIGHT, Andrew (éd.). *Social Ecology after Bookchin*, New York, Guilford Press, 1998.

MORSE, Chuck. « Being a Bookchinite », *Perspectives on Anarchist Theory*, vol. 12, nº 1, 2010.

NASH, Roderick. *The Rights of Nature : A History of Environmental Ethics*, Madison, University of Wisconsin Press, 1989.

PAWLICK, Thomas. « A return to First Principles : Comparing notes with Murray Bookchin, Rebel with the Best of Causes », *Harrowsmith*, nº 43, 1982.

PÉAUD, Robert. « Rencontre avec le collectif 'Los Arenalejos' », *Arguments*, nº 39, 2000.

PELLETIER, Philippe. « Le spectre du bookchinisme », *Le Monde libertaire*, nº 976, 24-30 novembre 1994.

PRICE, Andy. « Closing Down the Debate or Just Getting Started ? », *Communalism*, nº 15, août 2008.

PRICE, Andy. « Deep Ecology, Misanthropy, and the Bookchin Caricature », *Communalism – A Social Ecology Journal*, nº 1, décembre 2009.

PUCCIARELLI, Mimmo. « Écologie oui, mais sociale – entretien avec Murray Bookchin », *IRL*, nº 60, mars-avril 1985.

PUCCIARELLI, Mimmo et Laurent PATRY. *L'Anarchisme en personnes*, Lyon, Atelier de création libertaire, 2006.

RADANNE, Pierre. « Murray Bookchin et le drapeau noir de l'écologie politique », *Libération*, 1977.

ROMÉRO, Floréal. « La collectivité libertaire Los Arenalejos », *Alternative libertaire*, nº 210, octobre 1998.

SCHMITZ, Sonja. « Buttercups and Sunflowers, on the Evolution of First to Second Nature », *Harbinger*, vol. 3, nº 1, 2003.

SÉVIGNY, Marcel. *Trente ans de politique municipale – Plaidoyer pour une citoyenneté active*, Montréal, Écosociété, 2001.

STAUDENMAIER, Peter. « Economics in a Social-Ecological Society », *Harbinger*, vol. 3, nº 1, 2003.

ST-GERMAIN, Michel. « La liberté de chacun, un café avec Murray Bookchin », *Mainmise*, nº 76, 1978.

TOKAR, Brian. *The Green Alternative: Creating an Ecological Future*, San Pedro, Miles & Miles, 1987; 1992.

TOKAR, Brian. « Social Ecology and Social Movements: From the 1960s to the Present », *Harbinger*, vol. 3, n° 1, 2003.

TOKAR, Brian. « Murray Bookchin Tribute », 22 août 2006.

TOKAR, Brian. « The Greens as a Social Movement: Values and Conflicts », *in* ZELKO, Frank et Carolin BRINKMANN (éd.), *Green Parties: Reflections on the First Three Decades*, Washington, Heinrich Böll Foundation of North America, 2006.

TOKAR, Brian. *Toward Climate Justice*, Porsgrunn, Communalism Press, 2010.

VAN DER LINDEN, Marcel, « The Prehistory of *Post-Scarcity Anarchism:* Josef Weber and the Movement for a Democracy of Content (1947-1964) », *Anarchist Studies*, vol. 9, n° 2, 2001.

VANEK, David. « Interview with Murray Bookchin », *Harbinger*, vol. 2, n° 1, 2001.

WATSON, David. *Beyond Bookchin*, New York, Autonomedia, 1996.

Deep ecology

DEVALL, Bill et George SESSIONS. *Deep Ecology: Living as if Nature Mattered*, Salt Lake City, Peregrine Smith Books, 1985.

DEVALL, Bill. « A Spanner in the Woods: An Interview with Dave Foreman », *Simple Living*, vol. 2, n° 12, 1986.

ECKERSLEY, Robyn. « Divining Evolution: The Ecological Ethics of Murray Bookchin », *Environmental Ethics*, vol. 11, n° 2, 1989.

FOREMAN, Dave. « Dear George », *Earth First!*, vol. 7, n° 1, novembre 1986.

FOX, Warwick. « The Deep Ecology – Ecofeminism Debate and its Parallels », *Environmental Ethics*, vol. 11, n°1, 1989.

FOX, Warwick. *Toward a Transpersonal Ecology: Developing New Foundations for Environmentalism*, New York, State University of New York Press, 1995.

MANES, Christopher [pseud. Miss Ann Thropy]. « Population and AIDS », *Earth First!*, vol. 7, n° 5, mai 1987.

MCLAUGHLIN, Andrew. *Regarding Nature: Industrialism and Deep Ecology*, New York, State University of New York Press, 1993.

NÆSS, Arne, « The Shallow and the Deep, Long-Range Ecology Movement: A Summary », *Inquiry*, vol. 16, n° 1, 1973.

NÆSS, Arne (trad. et éd. David ROTHENBERG). *Ecology, Community and Lifestyle: Outline of an Ecosophy*, Cambridge, Cambridge University Press, 1989.

SESSIONS, George (éd.). *Deep Ecology for the 21st Century: Readings on the Philosophy and Practice of the New Environmentalism*, Boston, Shambala Publications, 1995.

Écofeminisme

MELLOR, Mary. *Feminism & Ecology*, New York, New York University Press, 1997.

MIES, Maria et Vandana SHIVA. *Écoféminisme*, Paris, L'Harmattan, coll. « Femmes et Changements », 1998 ; trad. de *Ecofeminism,* Atlantic Highlands, Zed Books, 1993.

SALLEH, Ariel K. « Deeper than Deep Ecology : The Eco-feminist Connection », *Environmental Ethics*, vol. 6, nº 4, 1984.

SALLEH, Ariel K. « Class, Race and Gender Discourse in the Ecofeminism/ Deep Ecology Debate », *Environmental Ethics*, vol. 15, nº 3, 1993.

SALLEII, Ariel K. « The Ecofeminism/Deep Ecology Debate : A Reply to Patriarchal Reason », *Environmental Ethics*, vol. 14, nº 3, 1992.

SLICER, Deborah. « Is There an Ecofeminism-Deep Ecology 'Debate' ? », *Environmental Ethics*, vol. 17, nº 2, 1995.

WARREN, Karen J. (éd.). *Ecological Feminism*, Londres, Routledge, coll. « Environmental Philosophies », 1997.

WARREN, Karen J. *Ecofeminism Philosophy : A Western Perspective on What it Is and Why it Matters*, Lanham, Rowman & Littlefield, 2000.

Les Éditions Écosociété
De notre catalogue

Une société à refaire
Vers une écologie de la liberté

Murray Bookchin
Collection Retrouvailles
Préface d'Antoine Robitaille

Dans *Une société à refaire*, Murray Bookchin défend l'idée que la domination de l'humain par l'humain, à l'origine des hiérarchisations sociales, a non seulement permis l'émergence d'un système aussi inégalitaire que le capitalisme, mais a également soumis la nature à ses impératifs d'expansion. Car une économie fondée sur la croissance et la concurrence ne peut que dévorer le monde. D'un autre côté, réduire l'être humain à une espèce animale parmi d'autres, c'est oublier qu'il est avant tout un être social et que cela détermine ses relations au monde naturel.

En s'inspirant des idéaux de liberté, l'auteur propose des pistes de travail et de réflexion pour réaliser l'égalité, fondement pratique et éthique de l'écologie sociale. Il réaffirme que seule une critique sociale radicale, enracinée dans une pensée écologique vigilante, peut nous permettre de « refaire » la société et de mettre un frein à la destruction environnementale.

Fondateur de l'Institut d'écologie sociale du Vermont, Murray Bookchin (1921-2006) est né au sein d'une famille russe de New York. Il fut ouvrier dans une fonderie, puis dans l'industrie automobile, avant de devenir enseignant et philosophe. Érudit, excellent orateur et débatteur remarquable, il fut une figure de proue de l'anarchisme, de la Nouvelle Gauche et de l'écologie aux États-Unis. Sa pensée radicale et originale continue d'influencer les mouvements sociaux contemporains. Les Éditions Écosociété doivent leur nom à son concept « d'écologie sociale ».

ISBN 978-2-923165-56-1 - 304 p. - 25 $ - 18 €

Écodesign : des solutions pour la planète
L'aventure du New Alchemy Institute

Nancy J. Todd
Préface de Serge Mongeau

Peut-être fallait-il un choc tel que la crise écologique actuelle pour nous amener à modifier nos modes de vie et nos façons de penser. Et quel choc ! À mois d'un changement de cap rapide et résolu, les effets destructeurs des activités humaines sur la biosphère pourraient être irréversibles.

Pourtant, il existe des alternatives viables pour réduire notre empreinte écologique. Depuis des décennies, des chercheurs observent, inventent et testent différents moyens de permettre aux humains de combler leurs besoins fondamentaux tout en respectant leur environnement. Nancy J. Todd est l'une de ces pionnières. Son récit, empreint d'humour et de sensibilité, fait vivre la naissance de l'écodesign. Comment utiliser les déchets pour rendre une terre à nouveau fertile, quels matériaux de construction peuvent se fondre dans l'environnement? Leurs observations et leur travail empirique sont guidés par un principe intangible : la nature renferme une multitude de solutions ; à l'humain d'être à l'écoute et de s'en servir dans son activité quotidienne. Ce livre montre qu'il est possible de changer notre impact sur la planète et donne des outils pour y arriver. Reste à savoir pourquoi nous ne passons pas à l'action.

Nancy J. Todd est connue pour ses écrits et son travail de rédactrice en chef de la revue Annals of Earth. Avec son mari John Todd et quelques amis biologistes, elle a fondé plusieurs organismes alternatifs, associations écologistes et centres de recherche dont le New Alchemy Institute et Ocean Arks où elle a pu mettre à contribution son exceptionnel talent de communicatrice.

ISBN 978-2-923165-27-1 - 2007 - 250 p. - 24 $ - 20,25 €

LES ÉDITIONS
écosociété
MONTRÉAL

Faites circuler nos livres.

Discutez-en avec d'autres personnes.

Si vous avez des commentaires, faites-les-nous parvenir; il nous fera plaisir de les communiquer aux auteurEs et à notre comité éditorial.

Les Éditions Écosociété
C.P. 32052, comptoir Saint-André
Montréal (Québec) H2L 4Y5

Courriel: info@ecosociete.org
Toile: www.ecosociete.org

NOS DIFFUSEURS

EN AMÉRIQUE

Diffusion Dimédia inc.
539, boulevard Lebeau
Saint-Laurent (Québec) H4N 1S2
Téléphone: (514) 336-3941
Télécopieur: (514) 331-3916
Courriel: general@dimedia.qc.ca

EN FRANCE et EN BELGIQUE

DG Diffusion
ZI de Bogues
31750 Escalquens
Téléphone: 05 61 00 09 99
Télécopieur: 05 61 00 23 12
Courriel: dg@dgdiffusion.com

EN SUISSE

Servidis S.A
Chemin des Chalets
1279 Chavannes-de-Bogis
Téléphone et télécopieur: 022 960 95 25
Courriel: commandes@servidis.ch

FSC
www.fsc.org
RECYCLÉ
Papier fait à partir de matériaux recyclés
FSC® C100212

Achevé d'imprimer
en février deux mille treize, sur les presses
de l'imprimerie Gauvin, Gatineau, Québec